Collection **Sciences criminelles**
dirigée par Robert Cario

La collection ***Sciences criminelles*** se destine à la publication de travaux consacrés à l'analyse complexe du phénomène criminel. Multidisciplinaire par définition, elle a vocation à promouvoir les réflexions critiques portées par les disciplines impliquées, dont l'angle d'approche spécifique enrichit la connaissance globale du crime, tant en ce qui concerne les protagonistes (infracteur, victime, société) que les stratégies d'intervention sociale (prévention, répression, traitement). En France comme à l'étranger.

Les contributions, émanant de chercheurs, de praticiens de la justice ou du travail social, empruntent la forme d'ouvrages de doctrine, de recherches collectives ou d'actes de rencontres scientifiques.

Deux séries complètent la Collection. Le ***Traité de sciences criminelles***, multi-auteurs, présente sous la forme de manuels les principales disciplines qui composent les sciences criminelles : philosophie criminelle, criminologie, politique criminelle, droit criminel, procédure pénale, criminalistique, médecine légale et victimologie.

Les ***Controverses*** rassemblent de courts essais sur des questions majeures de la connaissance scientifique dans le champ criminologique. En pointant leurs contradictions, (re)découvertes et zones d'ombre, les réflexions participent à une meilleure compréhension de la complexité des conduites humaines.

Derniers ouvrages parus
A. Jafari, Droit bancaire islamique
H. Arbousset, C. Lacroix et B. Steinmetz (Dir.), Risques, accidents et catastrophes.
Liber amicorum en l'honneur de Madame le professeur Marie-France Steinlé-Feuerbach
Y-C Quéro, La gouvernance nodale du réseau de sécurité locale
N.Y. Doumbia, Le maintien de l'ordre en Côte d'ivoire

Traité de sciences criminelles
2.1. R. Cario, Victimologie. De l'effraction du lien intersubjectif à la restauration sociale (4è éd. 2012)
2.2. R. Cario, Sylvie Ruiz-Vera, Droit(s) des victimes. De l'oubli à la reconnaissance (2015)
4. R. Cario, Introduction aux sciences criminelles. Pour une approche globale et intégrée du phénomène criminel (6è éd. 2008)
8. R. Cario, Justice restaurative. Principes et promesses (2è éd. 2010)

Controverses
R. Cario (Dir.), Les rencontres détenus-Victimes : l'humanité retrouvée
C.E Laguerre, Evénements traumatiques à la Martinique
M. Herzog-Evans, Moderniser la probation française. Un défi à relever !
F. Rognon, B. Deymié (Dir.), Punir, guérir, restaurer
H. Lemaître, La prévention de la délinquance

V. également la collection Criminologie
C. Rossi, Homicides : les proches des victimes
M. Herzog-Evans, Le Juge de l'application des peines : Monsieur Jourdain de la désistance
C. Chevandier (Dir.), Enfermements, justice et liberté
J. Motte dit Falisse (Dir.), De la faute et du crime
P.V. Tournier, La naissance de la contrainte pénale

Série Champ pénitentiaire
P. Mbanzoulou, M. Herzog-Evans, S. Courtine (Dir.), Insertion et désistance
P. Mbanzoulou, F. Dieu (Dir)., Administration pénitentiaire et justice
H. Hedhili-Azema, Sciences et pratiques pénitentiaires en France. XIX et XXè siècles
P. Mbanzoulou, P. Pottier (Dir.), Santé et justice

DES SENTENCES
ET DES PEINES

5-7, rue de l’École-Polytechnique, 75005 Paris

http://www.editions-harmattan.fr

ISBN : 978-2-343-13856-5
EAN : 9782343138565

Isabelle Dréan-Rivette

Des sentences et des peines

Chronique d'un Juge de l'application des peines : essai sur la criminalité et son traitement

Préface de Philippe Zoummeroff

L'Harmattan

Du même auteur

La personnalisation de la peine, Collection Sciences Criminelles, l'Harmattan, 2005.

De la criminologie en Amérique, Collection Controverses, L'Harmattan, 2010.

« Le moyen le plus sûr, mais le plus difficile, de lutter contre le crime est de perfectionner l'éducation »

Cesare BECCARIA

« Le temps n'est plus où nous pensions pouvoir juger du monde entier à l'aune de nos propres manières de penser. La fin de la domination occidentale sur le monde est une chance de retrouver ce « regard persan », ce regard de l'autre sur sa propre culture, qui est plus que jamais indispensable pour accéder à ce qui tient lieu d'objectivité dans la connaissance de l'humain. Aucune civilisation ne saurait se comprendre elle-même sans faire ce pas de côté et apprendre à connaître ce qui la rapproche et la distingue de toutes les autres ».

Alain Supiot,

Professeur au Collège de France, titulaire de la Chaire « Etat social et mondialisation : analyse juridique des solidarités »

Principaux sigles et abréviations

AGRASC	*Agence de Gestion et de Recouvrement des Avoirs Saisis et Confisqués*
AJP	*Actualité Juridique Pénal*
Al	*Alinéa*
APPI	*Application des Peines Probation Insertion*
Art	*Article*
CAP	*Commission d'Application des Peines*
CAP LSC	*Commission d'Application des Peines Libération Sous Contrainte*
C.N.C	*Conférence Nationale de Criminologie*
CNRS	*Centre National de la Recherche Scientifique*
Coll.	*Collection*
CP	*Code pénal (Français)*
CPIP	*Conseiller Pénitentiaire d'Insertion de de Probation*
CPP	*Code de procédure pénale*
CRP	*Crédit de Réduction de Peine*
DAVC	*Diagnostic A Visée Criminologique*
DISP	*Direction Interrégionale des Services Pénitentiaires*
ETPT	*Equivalent Temps Plein Travaillé*
GENESIS	*Gestion Nationale des Personnes Ecrouées pour le Suivi Individualisé et la Sécurité*
Ibid	*Ibidem, même référence*
In	*Dans*

Infra	*Ci-dessous*
JAP	*Juge de l'Application des Peines*
LOLF	*Loi Organique relative aux Lois de Finances*
Op. cit	*Dans l'ouvrage précité*
PCL-R	*Psychopathy Checklist Revised*
PPR	*Programme Prévention Récidive*
PSE	*Placement sous Surveillance Electronique*
RPS	*Remises de Peines supplémentaires*
SMPR	*Service Médico-Psychologique Régional*
SPIP	*Service Pénitentiaire d'Insertion et de Probation*
Supra	*Ci-dessus*
TGI	*Tribunal de Grande Instance*
VRAG	*Violence Risk Appraisal Guide*

Préface

par Philippe Zoummeroff

J'ai toujours été fasciné par la justice. Quand on est enfant et que l'on reçoit une fessée il est nécessaire que l'enfant comprenne que c'est une sanction juste et méritée. Il est normal aussi que la sanction soit proportionnelle à la faute. C'est logique !

Je me souviens qu'un jour, j'avais volé une pièce de 5 francs dans le porte-monnaie de ma mère pour m'acheter un sac de billes. Quand ma mère s'en aperçut elle me priva de cinéma pendant un mois. J'avais compris ma faute et je rapportais de meilleures notes de l'école. Au bout de trois semaines ma mère me dit : « Tu as fait des efforts, nous irons au cinéma demain. On peut assimiler cette attitude à un aménagement de peine.

Très jeune on est soumis à un système d'éducation. C'est le code familial. Si tu n'es pas conforme à ce code tu auras une sanction.

Après mes études j'ai effectué mon service militaire pendant la guerre d'Algérie. Là, j'ai beaucoup appris. On ne faisait pas la guerre contre un pays, mais pour des idées. Les autochtones voulaient l'indépendance et les colons riches ou pas désiraient de rester dans leur confort. Au lieu de négociations il y a eu la guerre. J'ai pu assister à des scènes de torture gratuite et j'a des prisons où l'on faisait beaucoup de bruit pour empêcher prisonniers de dormir. Cela m'a conforté dans le fait qu homme normal peut devenir sadique dans certai circonstances. Que s'est-il passé dans la tête des nazis qui, à l'origine, devaient être des gens tout à fait normaux !

C'est par curiosité que je me suis investi dans les prisons après avoir lu le livre de Beccaria « des délits et des peines ». Je voulais voir son évolution depuis la révolution jusqu'à nos jours. Je me suis particulièrement intéressé aux conditions de vie des détenus et à leur réinsertion dans la vie sociale. Ce mot d'ailleurs est mal interprété. Pour moi la réinsertion ou pour certains l'insertion tout court c'est de retrouver une vie sociale normale : avoir un travail et un logement. L'administration pénitentiaire pour laquelle j'ai beaucoup d'admirations ne réinsère pas, elle prépare assez mollement à la sortie et surtout elle n'a aucune autorité pour suivre le parcours de l'ancien détenu. N'appartement pas à « l'Establishment » je ne possédais aucune autorité pour visiter facilement les prisons. Alors j'ai créé un site internet sur la justice pénale en même temps qu'une bourse pour la réinsertion des détenus. A partir de là j'ai eu de grandes facilités. C'est grâce à cela que j'ai pu visiter 60 prisons et faire la connaissance du juge de l'application des peines (J.A.P)

En lisant le livre d'Isabelle Dréan-Rivette j'ai été fasciné pour ne pas dire subjugué par le fait qu'implique l'importance et surtout de la responsabilité de cette fonction. Le JAP détermine, au terme du procès pénal, les modalités d'exécution des peines restrictives de liberté. Le JAP peut accorder des réductions de peine, des permissions de sortir, une libération conditionnelle suivant des modalités bien précises, un placement à l'extérieur, une semi-liberté et un placement sous surveillance électronique.

Le JAP est aussi chargé du suivi de l'exécution des peines impliquant un suivi judiciaire ou une libération conditionnelle.

A propos de la libération conditionnelle Jean Louis Daumas, l'ancien directeur du centre de jeunes détenus à Fleury Mérogis, employait une métaphore qui me plaisait bien. La libération conditionnelle est comme un steak ou il est trop cru ou il est trop cuit. Il faut le servir convenablement. C'était le cas de Patrick Henry dont la libération conditionnelle avait été refusée

13 fois. Il était pourtant prêt à la réinsertion après avoir passé une licence en lettre. Mais quand elle lui fut accordée c'était trop tard. Il a pété les plombs et s'est fait reprendre pour un trafic de cannabis.

Mais les responsabilités sont lourdes comme l'explique Isabelle Dréan-Rivette car souvent il peut y avoir contradiction entre la logique et l'humain. Un détenu dangereux demande une permission de sortie pour aller à l'enterrement de sa mère. La logique est de refuser. L'humain est de prendre un risque après discussion avec le détenu. Cela me fait penser aux bavures pour des épiphénomènes sanglants. Comme d'habitude la presse est toute excitée. Alors le politique fait des lois à la va-vite. Et puis on récidive, on refait des lois sans savoir si on aura les moyens de les appliquer.

Une mauvaise loi : les peines planchers qui consistaient à augmenter obligatoirement la peine en cas de récidive. Le juge avait la possibilité de ne pas en tenir compte en fournissant un argumentaire bien précis. Faute de temps les juges choisissaient l'application intégrale de la loi.

Une bonne loi : la contrainte pénale sur la faculté de transformer les peines de prison pouvant aller de six mois à cinq ans en obligations définies par le juge.

Deux critiques. Cette loi a été très mal expliquée, donc très mal perçu par le public. D'autre part il aurait fallu presque tripler le nombre de conseiller d'insertion et de probation pour que cette loi ait un sens.

Le ministère de la Justice est l'enfant pauvre de la République. Son budget est très faible par rapport à d'autres pays. Lorsque l'on parle de justice ou est-elle lorsque les juges en comparution immédiate n'ont pas le temps d'approfondir la personnalité du prévenu avant de rendre sa sentence qui peut aller jusqu'à dix ans de prison.

Il en est évidemment de même pour les JAP.

Sans être trop utopiste, mais simplement poussé par le bon sens, j'aimerais que dans la constitution française soit inscrit que le travail en prison soit accessible pour tout le monde simplement pour rappeler le slogan : l'oisiveté est mère de tous les vices. Et cela est d'autant plus vrai en prison.

Cela fait plus de 70 ans que l'on se pose les mêmes questions sur la pauvreté de la justice. La droite et la gauche n'ont pas mieux fait l'une que l'autre sauf parfois défaire une loi émise par le gouvernement précédent et vice-versa. Il est temps que ça change !

Depuis les nouvelles élections le clivage gauche-droite a disparu.

On se trouve devant un nouveau paradigme : ce bouleversement historique dans la structuration de la vie politique française.

La finalité de la politique dit Isabelle Dréan-Rivette sera : l'art de gouverner. Cette belle question n'est pas nouvelle, elle s'était déjà posée 300 ans avant Jésus-Christ avec Platon et Aristote.

Il nous faudrait un nouveau Beccaria pour repenser ce qu'il y a dans le code pénal actuel. On pourrait aussi, avec intelligence s'inspirer du droit anglo-saxon. Isabelle Dréan-Rivette a été avocate au Canada qu'elle connaît bien. Elle a été surprise que pour les Français le Canada soit un modèle absolu.

La criminologie n'est certes pas la mieux représentée en France. A ce sujet Pierre-Victor Tournier avait publié en 2009 un livre intitulé « Le Babel criminologique, formation et recherche sur le phénomène criminel : l'exception française » Le titre est assez parlant à lui seul. Cela me fait penser aux chercheurs du CNRS en matière de justice. Notamment le centre de recherche sociologique sur le droit et les institutions pénales (CESDIP). Ces chercheurs émérites devraient être mieux utilisés par la chancellerie pour chiffrer, lorsqu'il y a une nouvelle loi, les moyens qu'il faudrait pour l'appliquer valablement.

J'attache beaucoup d'importance au parcours de l'enfant depuis sa prime jeunesse jusqu'à son adolescence. Les parents sont là pour réprimer ses mauvais instincts qui peuvent se manifester, par la suite, dans une délinquance affirmée par l'appât de l'argent facile. Je me souviens d'une histoire fascinante qui m'est arrivé il y a une quarantaine d'années. Cela se passait à la Grande Borne dans l'Essonne. Une cité de 13000 habitants accueillant pour partie une population fragilisée et précarisée, classée zone urbaine sensible. La Grande Borne était hélas célèbre pour sa situation sécurisée dégradée et l'extrême gravité des actes criminels imputables à certains de ses habitants. Sachant que je m'intéressais déjà à la jeunesse délinquante, un magasinier de mon entreprise qui était de temps en temps éducateur à ses moments perdus me dit un jour : « Je vais voir un gosse de 17 ans très déstructuré et que l'on m'a confié. Il habite la Grande Borne, vous verrez c'est un lieu assez épouvantable. J'acceptais son offre avec enthousiasme. Nous arrivâmes à la Grande Borne devant un immeuble crasseux et une odeur nauséabonde nous remplissait les narines. Ahmed nous attendait, il avait une allure agréable et dit tout de suite bonjour à Léon. C'était le prénom de mon magasinier. Léon fit parler Ahmed et ce que j'appris me fit frémir. Ahmed habitait dans un trois pièces de 60 m^2 avec ses parents et ses six frères et sœurs. Il s'était fait virer de son école parce qu'il n'apprenait pas ses leçons. J'appris que l'atmosphère de la maison était intenable. Ses trois frères ne faisaient que regarder le football qu'Ahmed détestait. Curieusement Ahmed aimait lire. Il avait déniché dans une poubelle « voyage au centre de la terre » de Jules Verne. Il y avait dedans des termes techniques auxquels il n'avait rien compris et bien entendu il n'y avait personne pour lui expliquer. Il y avait un tel boucan dans l'appartement que souvent il descendait pour faire un petit tour. Ses parents ne s'occupaient strictement pas de lui. D'ailleurs dans la fratrie chacun faisait ce qu'il voulait. Ses frères faisaient du business. On sait en quoi cela consistait et ses sœurs fréquentaient des hommes. Ses frères voulaient entraîner Ahmed mais cela ne l'intéressait pas. Il cherchait du travail, mais il n'en avait pas trouvé et il ne voulait pas sombrer dans la délinquance. Mais alors quoi faire ? On en était là.

Ce gosse m'intéressait beaucoup. J'ai décidé de le prendre en main. Il allait avoir 18 ans, donc complètement libre. Je décidais de le prendre dans mon entreprise. Je lui louais un petit studio prés de mon usine. Comme il était très doué pour le dessin, je lui fis prendre des cours de dessin industriel. Il accéda ensuite au bureau d'études. Aujourd'hui il est à Salvador de Bahia au Brésil ou il dirige une filiale. Il s'est marié avec une Brésilienne et s'est converti au catholicisme. Il est parfaitement heureux. Voilà l'histoire d'Ahmed. Je ne le dirais jamais assez, dans la vie il suffit d'une rencontre. Mais il est toujours difficile de sauver quelqu'un qui ne veut pas être sauvé.

Pourquoi un homme a-t-il été conditionné au mal plutôt qu'au bien ? On ne peut pas répondre à cette question d'une façon évidente. La preuve en est avec le cas d'Ahmed. Cela dépend de plusieurs critères :

L'éducation, l'indigence, la politique, le milieu parental, les mauvaises fréquentations spécialement dans les cités difficiles, de l'argent facile et surtout de l'usage de l'alcool et de la drogue. Cette dernière, touche aussi bien les milieux démunis que les gens aisés.

Sur ce sujet on ne dira jamais assez l'importance pour les juges de l'enquête sur la personnalité du délinquant.

Pour le justiciable, les preuves qu'il doit fournir ne sont pas toujours évidentes. L'homme le plus honnête, le plus respecté peut être victime de la justice. Vous êtes un bon père de famille, bon époux, vous payez vos impôts. Quelle fatalité pourrait vous faire passer pour un voyou. Cette fatalité existe, elle s'appelle l'erreur judiciaire.

En dernier lieu il faut bien parler du terrorisme qui avait bien commencé avec Ben Laden mais qui a pris encore plus d'ampleur avec l'Etat Islamique. Je ne peux que reprendre l'analyse pertinente qu'en a faite Isabelle Dréan-Rivette. La personne suspectée de terrorisme de radicalisme, qui se fond dans le décor carcéral pour agir dans la plus grande des discrétions, n'a pas les mêmes référentiels. Pour elle la mort constitue une valeur, le religieux prime sur le politique. La manifestation de son opposition peut prendre toutes les formes, à tous les instants et en tous lieux mêmes les plus improbables.

Le terrorisme rend toute équivalence impossible car celle-ci requiert un système symbolique commun : le temps, l'argent, la politique.

Dans son ouvrage Isabelle Dréan-Rivette a brossé avec élégance toutes les facettes de la justice pénale, accessible même au profane. Ce livre est une référence qu'il faudra posséder dans toutes les bibliothèques de l'honnête homme. Loin d'avoir un regard sur un passé révolu il faut, bien au contraire considérer ce livre sur l'avenir de la justice comme une réalité vivante.

Introduction

8h45 lundi matin à l'ouverture d'un mail portant l'objet suivant « *Pour information* » : il y est fait état de la situation de la personne détenue X, incarcérée au centre de détention Y, qui fait l'objet d'un traitement de la part de la Direction Interrégionale de l'Administration Pénitentiaire suite à la publication de sa photographie dans une posture qu'il est possible de qualifier « d'estivalement suggestive » sur son compte Facebook. La réalité venant du terrain a ceci de particulier qu'elle est toujours concrète, en lien direct avec la vie, la vraie, la réelle et à ce titre féconde, pour peu que l'on y accorde de l'importance en sachant la décrypter. Que vient dire cette interpellation « du dedans » pour « le dehors » ? A qui s'adresse-t-elle en utilisant ce moyen de communication qui abolit les frontières de temps et de lieu ? Ne revient-elle pas à dire que le délinquant du fond de sa cellule demeure un membre à part entière d'une société, connecté à celle-ci, au même titre qu'il l'était antérieurement à son incarcération, et qu'il le sera à sa sortie ? De même, quel point commun existe-t-il entre le poème de Charles Baudelaire « Abel et Caïn », la sculpture d'Henri Vidal « Caïn venant de tuer son frère Abel », la musique de Rodolphe Kreutzer « La mort d'Abel » ou le tableau de Peter Paul Rubens « Caïn tue Abel » ? Ces différentes références culturelles viennent chacune à leur manière dans l'expression de leur art représenter le premier meurtre de l'humanité. Abel et Caïn sont en effet généralement sont présentés dans les textes fondateurs comme les deux premiers fils d'Adam et Eve. Le mot est posé, c'est bien de l'humanité dont il s'agit, de l'humain. Parce qu'aussi inhumain soit un acte, il demeure toujours un geste émanant d'un homme. C'est cette humanité qui a été reçue en héritage en France, pays des Droits de l'Homme. Toutefois, le crime est puissant, interpelle, fascine, interroge, suscite des répulsions, attriste, génère du désarroi ou de la colère. Il laisse rarement indifférent et aujourd'hui plus qu'hier par son omniprésence. Le citoyen au cœur de la société active, multi sollicitante, en perpétuel mouvement est concerné par le phénomène criminel. Il l'a toujours été en qualité de membre de la cité au sens étymologique du terme. Il n'en n'avait juste pas une conscience aussi claire. Parce qu'aujourd'hui, chaque citoyen vit désormais avec l'idée selon laquelle lui ou un de ses proches, de ses amis ou de ses collègues de travail peuvent être victime d'un acte criminel au détour d'un acte banal de la vie comme celui de prendre un café à une terrasse, de visiter un musée ou d'assister à un feu d'artifice … Cette idée est d'autant plus puissante qu'elle s'accompagne d'un sentiment d'insécurité, et de son corollaire, le besoin de protection. Parce que la criminalité est présente dans les médias avec les informations en continu relatives aux différents actes perpétrés, aux attentats, par le plan Vigipirate, auquel tout le monde est soumis dans ses déplacements quotidiens …

Les temps actuels ont toutefois ceci de particulier que face à la criminalité et au traitement qui lui est réservé le citoyen peut à bien des égards se sentir comme Meursault, c'est-à-dire étranger. Ce particularisme d'étrangeté qui lui rend insaisissable les ressorts d'un monde duquel il se sent dépossédé s'explique parce qu'il se retrouve aujourd'hui concerné *malgré lui* par le crime. Pourtant ce monde, qui les concerne au premier chef, demeure inconnu pour une grande majeure partie des citoyens. L'État d'urgence, la commission d'attentats, la période électorale de 2017, et maintenant les projets de réforme du nouveau gouvernement ont mis en lumière un domaine qui bien qu'au cœur de la vie de la cité demeure largement inconnu de la plupart des citoyens : le traitement de la criminalité. La société change, le crime fait désormais partie intégrante de la vie du citoyen et la justice pénale française du 21e siècle se doit de tout allier : principe de liberté et valeurs humanistes, effectivité de la réponse pénale et dimension symbolique de l'acte de juger, universalité de la sanction et principe d'individualisation, souci de la responsabilité et sens de la peine [1], prévisibilité et réinsertion sociale ... Face à l'ensemble de ces changements, le citoyen se sent toutefois peu outillé pour comprendre les ressorts de la criminalité et de son traitement, parce qu'il y a des déterminants auxquels il n'a pas accès. Ainsi, au détour de l'actualité, il est amené à découvrir parfois avec stupeur ou à tout le moins interrogation, que les peines d'emprisonnement ferme prononcées, inférieures à 2 ans s'exécutent « dehors » sous un autre régime (placement sous surveillance électronique, jour-amende…).

Outre la singulière et persistante absence de discipline universitaire criminologique en France, la non-publicité des audiences relatives aux aménagements de peine sous la présidence du juge éponyme, n'y est à ce titre pas étrangère non plus. En effet, la peine prononcée en audience publique se transforme ensuite dans le huis-clos du cabinet du juge de l'application des peines. Il y a donc des choses qu'on ne voit pas. Il y a en outre et surtout, des choses que l'on ne nomme pas ou difficilement. Ce sentiment d'étrangeté vient également de

---

1. Le sens de la peine recouvre plusieurs acceptions selon la place qu'il occupe dans la procédure pénale comme le fait observer Alain Blanc : « Le sens de la peine n'est pas le même aux quatre étapes suivantes du processus pénal :
- lors de sa définition par le Parlement, qui fait un choix de valeurs, de hiérarchie pour la nation ;
- au stade de l'audience judiciaire, s'agissant d'un accusé particulier, dans un dossier unique, d'abord par le ministère public dans le réquisitoire qu'il formule « au nom de la société » ;
- puis lors du choix de la peine par les juges au moment de leur délibéré, et de son prononcé à l'issue de l'audience ;
- et enfin lors de la mise en œuvre des modalités d'exécution de cette peine une fois devenue définitive, cette fois-ci par le juge ou le tribunal d'application des peines, en fonction de l'évolution du condamné et de l'objectif de prévention de la récidive.

Ne pas respecter et ne pas dissocier ces quatre étapes, c'est risquer de compromettre tous les principes de notre état de droit » in Alain Blanc, « Les longues peines, au risque de l'oubli », Revue de Sciences Criminelles 2016. 47.

ce paradigme en cours de mutation traversant le champ de la pénalité, qui doit désormais s'adapter à un monde globalisé. Ce nouveau paradigme est fait d'immixtions tacites du modèle anglo-saxon dans les trois piliers sur lesquels repose notre système pénal à savoir un axiome normatif, une philosophie politique et depuis peu un modèle économique revêtant une importance grandissante. Nommer et décrypter celui-ci est fondamental. Démarche originale se situant au carrefour de l'audit sur la fonctionnalité de la sanction et l'ethnographie du champ pénal, elle permet de saisir les enjeux d'une justice moderne. Aussi, approcher la fabrique du jugement dans sa quotidienneté par la chronique d'un juge de l'application des peines peut constituer un formidable outil pour penser un traitement de la criminalité intelligible. À la croisée de la répression et de la réinsertion, ce juge se trouve au cœur de la politique pénale. Il est en effet l'interface permanent entre « l'intérieur » (du monde carcéral) et de « l'extérieur » (de la société). Parce que ce sont de ces singuliers voyages quotidiens fait d'une démarche pragmatique de confrontation de la théorie à la pratique que peut émerger une pensée qui fasse sens dans ce monde globalisé et complexe. Tout en permettant à une singularité nouvelle d'advenir. C'est donc en décryptant et nommant ce nouveau paradigme qu'il deviendra possible de prendre conscience et ainsi comprendre tous les ressorts de ce thème qui se trouve au cœur de la cité. Parce que notre société actuelle assiste à un déplacement de la hiérarchie des valeurs qui opère un véritable bouleversement des imaginaires collectifs, individuels et institutionnels.

Dans un monde globalisé où tout bouge en permanence, les enjeux et les influences multiples, parfois contradictoires s'entremêlent. Cet état de fait concerne, y compris, des pré-carrés nationaux que l'on pensait exempts de toute influence sur ce point. Le champ de la pénalité ne fait pas plus exception. Aussi, il n'est pas possible de s'adapter à ce nouveau monde, de le comprendre au sens étymologique du terme, c'est-à-dire prendre avec soi, sans une réflexion préalable. Face à cet état de fait, il semble fondamental de réfléchir d'un point de vue épistémologique. En effet, une démarche de décentrement apparaît comme nécessaire pour saisir le changement en cours et ainsi mesurer les mutations qui sont en train de s'opérer. Il s'agit d'expliciter et expliquer la modernité en changement. Cette démarche est, en effet, salutaire à plus d'un titre. Elle permet dans un premier temps, de sortir d'une illisibilité partielle source d'incompréhension et potentiellement de frustration. Elle permet aussi et surtout dans un second temps, fort de cette connaissance nouvelle, d'agir et œuvrer en toute connaissance de cause. Ramassé dans une formule elliptique, il s'agit de saisir ce qui se passe ici et maintenant, pour ainsi se donner les moyens d'agir dans le présent et pour l'avenir, ouvrant ainsi le champ à des (nouveaux) possibles.

Parce que tenter de donner un sens à la pénalité, suppose en connaître les ressorts pour en appréhender les mutations. Il est difficile de faire l'économie d'une réflexion sur ce qui caractérise le monde de la sanction aujourd'hui en France et qui est traversé par de nombreux critères qu'il est important de mettre à jour. Par la décision qu'elle est amenée à rendre, la justice pose une sanction au sens étymologique du terme, c'est-à-dire qu'elle vient établir, consacrer et rendre irrévocable une situation. En cela, la sanction judiciaire fait prendre tout son sens à l'origine latine du mot « *sancire* » signifiant « *établir une loi* ». Elle est une approbation donnée à quelque chose. Ce faisant, elle consacre son exactitude, sa validité et son caractère durable. En outre, la sanction, parce qu'elle rentre dans le cadre disciplinaire, sert à l'organisation. Toutefois, il convient de préciser qu'elle peut revêtir des formes bien différentes selon les circonstances et les cadres dans lesquels elle se déploie. Parce que d'une part, une sanction n'existe qu'à l'intérieur d'un système juridique qui est gouverné par des axiomes normatifs. Parce que d'autre part, ladite sanction est un acte citoyen, au sens où il touche la cité et qu'à ce titre toute politique publique comprend des éléments de philosophie des droits. Parce que, enfin, une sanction émane d'une institution assujettie à des impératifs, notamment budgétaires, gouvernés eux-mêmes par un modèle économique.

Sur ce point, quel juge est le mieux placé pour comprendre le crime ET tenté de le prévenir, car c'est toujours d'une tentative dont il s'agit, que le juge de l'application des peines ? Ce juge, si particulier, que l'on connaît par cet acronyme « JAP ». Ce même juge dont paradoxalement on ne connaît pas véritablement les fonctions, et encore moins le sens de celles-ci, y compris au sein même de la magistrature. Le JAP est en charge des modalités d'exécution des peines privatives de liberté, en orientant et contrôlant les conditions de leur application. Véritable cheville ouvrière du système pénal, il est donc au cœur de la politique du même nom. Que cela soit dans son versant répressif : pour l'exécution de la peine en s'assurant du caractère effectif de celle-ci, mais également dans son versant réinsertion, et donc préventif : en s'assurant des conditions dans lesquelles les personnes détenues vont être amenées à sortir à l'issue de leur incarcération. Il est celui qui s'occupe, à partir du « *dedans* », à penser et organiser le retour au « dehors ». Aussi, une chronique concernant l'activité du juge de l'application des peines, peut-elle constituer un formidable outil pour réfléchir et penser un traitement de la criminalité intelligible.

C'est en effet, de ce singulier voyage quotidien fait d'une démarche pragmatique de confrontation de la théorie à la pratique, de ces allers-retours entre le « *dedans* » et le « *dehors* », que peut émerger une pensée qui fasse sens dans un monde. Une pensée qui trouve sa place dans un monde globalisé, complexe, fait de connexions et influences multiples dans lequel le monde judiciaire, au même titre que les individus, doivent évoluer.

Ouvrons ainsi la porte du cabinet du JAP au hasard des heures et des jours :

- lundi matin 8h45 : réception par fax d'une demande émanant du greffe pénitentiaire pour une demande de permission de sortir urgente [2] afin de se rendre auprès d'un proche pour lequel selon l'expression consacrée « *le pronostic*

---

2. Il s'agit en l'espèce d'une demande de permission dite hors Commission d'Application des Peines (CAP). Sur ce point, pour plus de développements voir p. 80.

vital est engagé » au vu des justificatifs fournis. Cette demande nécessite la lecture du dossier en urgence, la transmission de la demande au représentant du Parquet pour réquisition, la rédaction de l'ordonnance d'autorisation de sortir sous escorte. Elle nécessite également la gestion subséquente de l'appel téléphonique des forces de l'ordre. Celles-ci considérant qu'elles ne seront pas en mesure de mettre en œuvre ladite décision eu égard au caractère jugé *« de non-droit »* de la zone où il faut se rendre. Il s'en suit une longue négociation avec les autorités hiérarchiques des forces de l'ordre pour la mise en œuvre de ladite permission, qui au demeurant se déroulera sans incident.

- lundi après-midi 14h : appel d'une intervenante sociale de la gendarmerie faisant état d'une situation familiale grave accompagnée de menaces de mort réitérées d'une personne détenue depuis le centre de détention sur son épouse par l'intermédiaire manifestement d'un téléphone portable eu égard aux heures très tardives d'appel. Cette situation nécessite la demande auprès des instances de direction de l'établissement de faire le nécessaire afin d'apprécier la réalité de la situation et éventuelle véracité des faits allégués.

- mardi 8h30- 20h : départ pour le centre de détention avec le représentant du Parquet en charge de l'exécution des peines (Procureur de la république). Il s'agit d'une journée entière appelée « *débats contradictoires* [3] ». Dans le cadre d'une salle d'audience reconstituée conformément au rituel judiciaire, 20 à 25 demandes d'aménagement de peine seront examinées. Chaque détenu comparait en exposant les motifs de sa demande (de libération conditionnelle, de semi-liberté, de placement sous surveillance électronique, de placement extérieur...). En compagnie de son greffier, garant du bon déroulement de la procédure, le JAP recueille l'avis du représentant de l'administration pénitentiaire, les réquisitions du Procureur de

3. Cette expression est utilisée pour nommer l'audience au cours de laquelle le JAP examine la demande d'aménagement de peine dont il a été saisi par la personne détenue.

la république et la plaidoirie de l'avocat. Il reçoit en dernier la parole du demandeur, puis, met chaque décision en délibéré pour prendre le temps de statuer et de rédiger les 20 à 25 jugements subséquents.

- mercredi matin 10h : démarches auprès des experts psychiatres inscrits près la Cour d'appel, les sollicitant pour intervenir au sein du centre de détention, afin d'apprécier l'état de dangerosité potentielle de certains détenus ayant fait une demande d'aménagement de peine.

- mercredi après-midi 12h : traitement du « *courrier* » : sont réceptionnés des retours d'enquêtes émanant des services de police ou de gendarmerie (en l'espèce se trouvent dans la pile, 6 enquêtes dites d'« hébergement » favorables ne faisant état d'aucune contre-indication particulière, 4 enquêtes dites de « travail » dont 2 qui relèvent le caractère fictif de l'entreprise visée. Se trouvent également 5 enquêtes destinées à vérifier la faisabilité d'un éventuel futur Placement sous Surveillance Électronique (PSE). Ces 5 enquêtes, émanant du Service Pénitentiaire d'Insertion et de Probation (SPIP), ne relèvent aucune contre-indication technique à la mise en œuvre de la mesure envisagée. Il en est toutefois une qui précise le caractère précaire, voire insalubre du lieu d'habitation. Ces retours d'enquête sont ensuite transmis au greffier pour notification [4]). Sont également réceptionnées 10 fiches concernant les levées d'écrou récentes. Ces informations nécessitent la mise à jour des dossiers, c'est-à-dire un archivage ou plus classiquement la nécessité de rendre une ordonnance de dessaisissement, au profit du juge d'application des peines territorialement compétent qui prendra le relai pour la ou les mesures de sursis avec mise à l'épreuve suspendue(s) pendant la période d'incarcération. Se trouve également dans la pile de courrier, une lettre de remerciement, 4 autres lettres d'interrogations voire de protestation face à diverses situations nécessitant des

4. Il s'agit ici du moyen légal de transmission au demandeur, qui est ainsi avisé par le greffier garant de la procédure, du contenu des conclusions de l'enquête.

réponses écrites, 3 retours d'expertises psychiatriques dont une faisant état d'une dangerosité psychiatrique très élevée (elles aussi transmises au greffe pour notification), 7 demandes d'aménagement de peine nécessitant une mise en état afin de permettre un audiencement dans les 4 mois légaux.

- mercredi après-midi 16h : ouverture du logiciel informatique Application des Peines Probation Insertion (APPI) [5] dans lequel s'y trouvent 35 rapports sur la situation de personnes détenues. Ces rapports sont établis par l'équipe des 6 Conseillers Pénitentiaires d'Insertion et de Probation [6] (CPIP) présents de manière constante au centre de détention. Il s'agit en l'espèce de rapports diagnostic établis dès l'arrivée de la personne, de rapports incidents pour toute difficulté ayant lieu dans le cadre de la détention, de rapports en vue de l'audience prochaine, de rapports en vue d'une commission d'application des peines (CAP)… La lecture de ces rapports nécessite en retour ou des demandes de précisions pour explorer la situation de la personne ou une simple validation.

- jeudi matin 9h : appel en urgence concernant la situation d'une personne suspectée de violer ses obligations dans le cadre de son lieu de placement extérieur. Cette situation nécessite une demande d'enquête circonstanciée (urgente) auprès des forces de l'ordre compétentes pour confirmer ou infirmer les faits

---

5. Ce logiciel informatique permet en temps réel de « gérer les informations relatives aux mesures judiciaires d'application des peines prononcées par les magistrats en charge de l'application des peines et suivies par les personnels des Services Pénitentiaires d'Insertion de Probation. Elle permet également de formaliser les échanges entre les services pénitentiaires compétents pour ces matières et l'autorité judiciaire mandante, évaluer la situation des personnes suivies à des fins de réinsertion sociale et de lutte contre la récidive, créer un dossier dans le cadre des mesures d'exécution des enquêtes et mesures préalables au jugement et produire des statistiques locales et nationales en matière d'application des peines ». Sur ce point voir : https://www.cnil.fr.
6. Les CPIP ont pour mission d'aider les personnes placées sous main de justice dans leurs démarches d'insertion. En milieu carcéral, ils aident les personnes détenues à construire leur demande d'aménagement de peine formulée auprès du JAP. Ils aident à la préparation de sortie de prison pour diverses démarches (relatives aux soins, au logement, au travail, à la formation…).

allégués, ceci en vue d'une éventuelle suspension de la mesure d'aménagement de peine en cours.

- jeudi après-midi 13h : rapport du Pôle de Placement sous Surveillance Électronique (PSE) faisant état de 5 alarmes dans la journée. Cet état de fait caractérise un état d'évasion [7] nécessitant un rapport écrit via le logiciel APPI pour apprécier la situation.

- jeudi soir 19h : établissement des statistiques mensuelles à destination du Directeur du Greffe du Tribunal de Grande Instance (TGI) pour appréciation de la gestion et du fonctionnement du cabinet.

- vendredi matin 10h : alerte des services pénitentiaires sur la situation d'une personne suspectée ou en voie de radicalisation, eu égard à des comportements et éléments objectifs constatés au cours de la détention. Ce signalement nécessite un partage et échange d'informations avec la cellule de la préfecture affectée à cet effet et les services des renseignements territoriaux.

- vendredi après-midi 14h : préparation de l'audience (25 dossiers) de débats contradictoires : analyse du parcours de vie de la personne, vérification des pièces fournies au soutien de la demande, prise de connaissance du comportement en détention, recueil des avis des représentants de l'administration pénitentiaire.

- lundi matin 8h : rapport de l'administration pénitentiaire constatant l'état d'évasion d'un détenu suite au non-retour d'une permission de sortir octroyée. Cette situation nécessite un échange avec le parquetier en charge de l'exécution des peines pour l'aviser de la situation.

- lundi midi 13h : mise en état des demandes d'aménagements de peines sollicitées. Concrètement, cela

7. Les personnes faisant l'objet d'un placement sous surveillance électronique sont sous écrou malgré l'exécution de leur peine en milieu dit ouvert. En conséquence, tout non-respect des horaires fixés par le JAP se caractérise par un état d'évasion.

consiste pour chaque dossier de vérifier la recevabilité de la demande, analyser le parcours de la personne détenue, vérifier la présence des pièces nécessaires au soutien de la requête formulée. Ceci s'accompagne d'instructions données au greffier du service de l'application des peines sur les diligences à effectuer (départ d'enquête, demande d'expertise psychiatrique, de casier judiciaire, de renseignement auprès de la préfecture pour connaître la situation administrative d'une personne étrangère, une enquête victime...). Cela consiste également à établir le rôle d'audience pour s'assurer du traitement de la demande dans le délai légal de 4 mois.

- lundi après-midi 17h : comparution immédiate pour des faits de violence commis sur un surveillant pénitentiaire.

- mardi 8h30-19h : départ pour le centre de détention avec le représentant du Parquet en charge de l'exécution des peines (Procureur de la république). Journée entière appelée « commission d'application des peines (CAP) ». Dans le cadre d'une salle de réunion, cette commission consultative, présidée par le JAP, fait se réunir autour d'une même table les différents représentants de l'administration pénitentiaire (directeur de l'établissement, conseillers d'insertion et de probation, personnel de surveillance), le représentant du Ministère Public (Procureur de la république), et toutes autres personnes utiles selon les circonstances (personnel de formation scolaire ou professionnel, psychologue...). Cette commission dont l'organisation est mise en œuvre par l'ensemble des membres du greffe pénitentiaire assiste le juge de l'application des peines lors de la prise de certaines décisions concernant l'individualisation des peines (demande de permission de sortir, d'octroi de remise de peine supplémentaire, de retrait de crédit de réductions de peines). En une journée, le JAP rend sur le siège en moyenne 50 ordonnances de permissions de sortir [8], 40

8. La permission de sortir est l'autorisation donnée à un condamné de s'absenter d'un établissement pénitentiaire pendant une période déterminée qui s'impute sur la durée de la détention et pour se rendre en un lieu situé sur le territoire national (art. 723-3, D. 142 à D. 147 du Code de Procédure Pénale).

ordonnances de remises de peines supplémentaires [9], 20 ordonnances de retrait de crédit de réduction de peine [10], soit environ 110 ordonnances.

- mercredi matin 9h : visioconférence avec des personnes détenues ayant sollicité l'examen de leur dossier pour la Commission d'Application des Peines Libération sous contrainte (CAP-LSC [11]) : moyen rapide et efficace d'apprécier dans un cadre individualisé, autre que l'audience, la situation de la personne concernée.

- mercredi 11h : rappel des obligations à un probationnaire, non-respectueux de ses obligations, dans le cadre d'une mesure de suivi socio judiciaire (en l'espèce rappel de l'obligation de respecter l'injonction de soins et de l'interdiction d'entrer en contact avec des mineurs prononcées par le tribunal suite à des faits d'agressions sexuelles).

- mercredi après-midi 14h : visite sur le terrain d'un lieu de placement extérieur pour aller à la rencontre de l'ensemble du personnel (directeur de la structure, intervenants sociaux, conseillers pénitentiaires d'insertion et de probation) accompagnant au quotidien une personne encore sous écrou ayant bénéficié d'un aménagement de peine.

- jeudi matin 9h : réquisition du Parquet sollicitant un retrait de crédit de réduction de peines (en urgence hors CAP) suite à

9. La réduction supplémentaire de peine est accordée par le juge de l'application des peines après démonstration par le condamné d'efforts particuliers. Elle est prononcée en une seule fois si l'incarcération est inférieure à une année et par fractions annuelles dans le cas contraire (art. 721-1 al. 3 du Code de Procédure Pénale).

10. L'article 721 du Code de Procédure Pénale met en place un système automatique d'octroi d'un certain quantum de réduction de peine, qualifié de « crédit de réduction de peine », et ce, dès le début de l'exécution de la condamnation, ce qui permet au condamné de connaître sa fin de peine prévisible. Lors de sa mise sous écrou, le condamné est informé par le greffe de la date prévisible de sa libération, des possibilités de retrait de tout ou partie de cette réduction, en cas de mauvaise conduite ou de commission d'une nouvelle infraction après sa libération (art. 721 dernier alinéa).

11. Pour plus de développements voir supra p. 26.

un incident intervenu quelques jours avant la sortie prévue imminente (en l'espèce des atteintes physiques très graves commises sur codétenu) nécessitant une réponse sous la forme d'une ordonnance statuant sur la demande.

- jeudi 10h : échange avec un magistrat de liaison à l'étranger à propos de la situation d'une personne qui, depuis son lieu de placement extérieur et se trouvant encore sous écrou, s'est évadée et a fait l'objet d'une interpellation hors du territoire national.

- jeudi 13h : rédaction de jugements d'octroi ou de rejet de demande d'aménagement de peine nécessitant une argumentation individualisée (comme le principe du même nom) pour expliquer le sens de la décision. Il convient en effet d'expliquer dans chaque jugement les raisons ayant présidé à ce résultat plus qu'un autre, relever les éléments positifs comme négatifs dans le parcours de détention, faire des préconisations pour l'avenir…

- vendredi 8h30- 11h30 : départ pour le centre de détention avec le représentant du Parquet en charge de l'exécution des peines (Procureur de la république). Matinée consacrée la « Commission d'Application des Peines-Libération Sous Contrainte » (CAP-LSC). Dans le cadre d'une salle de réunion, cette commission issue des dispositions de la loi du 15 août 2014 fait se réunir autour d'une même table les différents représentants de l'administration pénitentiaire (directeur de l'établissement, conseillers d'insertion et de probation), le représentant du Ministère Public (Procureur de la république). A partir de l'accord écrit préalable donné par le détenu, le JAP statuera sur des modalités de sortie sollicitées (de libération conditionnelle, de semi-liberté, de placement sous surveillance électronique, de placement extérieur...). Pour ce faire, il n'a aucunement l'obligation de rencontrer le détenu, le texte faisant de la comparution une éventualité. 15 dossiers seront examinés qui donneront lieu à 15 ordonnances.

- vendredi après-midi 14 h : arrivée d'une escorte de gendarmes suite à un mandat d'amener pour une personne persistant malgré un rappel à l'ordre préalable à ne pas respecter pas les obligations de la mesure de suivi socio judiciaire précitée. Après avoir entendu le probationnaire sur cet état de fait et apprécier la situation le JAP puis rédige sur-le-champ l'ordonnance d'incarcération provisoire pour faire procéder à son incarcération immédiate (dans l'attente d'une audience dans les 15 jours).

Cet inventaire à la Prévert, non-exhaustif, qui peut donner la sensation d'une certaine confusion par son caractère multidirectionnel, accumulatif d'actes, de positionnements et de réflexions souvent dans l'urgence, constitue le quotidien du Juge de l'application des peines en *« milieu fermé »* selon l'expression consacrée pour caractériser ce magistrat en charge de la situation des personnes détenues. A la croisée de la répression ET de la réinsertion, ce juge se trouve au cœur de la politique pénale en qualité d'interface permanent entre l'*intérieur* (du monde carcéral) et l'*extérieur* (de la société). En cela, le JAP se situe en première ligne pour saisir les changements, les influences et les mutations qui traversent le champ de la pénalité. Acteur à part entière de la vie pénale, touchée elle aussi par la mondialisation, les transformations paradigmatiques le concernent au premier chef. Il est en première ligne pour apprécier, décrypter et analyser les mutations en cours auquel il assiste chaque jour, leurs effets, mais également leurs impacts sur notre société.

En effet, la délinquance, et le traitement qui lui est réservé par les politiques pénales, par les institutions et plus largement les acteurs de la vie publique viennent dire quelque chose de la représentation du crime au sens général du terme que se fait un pays. Ce traitement, ses usages, ses avancées, ou a contrario, ses erreurs ou piétinements traduisent un positionnement, des interrogations sur le rapport au crime qui sont toujours à la croisée de nombreux déterminants historiques, culturels, politiques, juridiques... Parce que le système punitif d'un pays exprime à lui seul beaucoup de choses. Traduction, manifestation et expression d'une histoire, d'un rapport à l'interdit véhiculé par le crime, philosophie de l'homme et positionnement politique. Il vient dire quelque chose du rapport à la loi.

Il en est de même des mots. Loin de se perdre dans des considérations complexes de linguistique juridique, il s'agit de prendre en compte l'importance sémantique des termes choisis et employés par le droit. A ce titre, force est de constater que le rapport à la signification des mots est fort d'aspect et de portée symboliques. Sur ce point, dans le prolongement de réflexions antérieures consacrées à une approche comparée France-Canada ce voyage d'un champ de pénalité à l'autre entre l'ancien et le nouveau continent est source d'interrogations et de questionnements en ce qui concerne le traitement de la criminalité : d'un côté la peine, de l'autre la sentence. Ce même questionnement concerne également cet attrait français vers le modèle anglo-saxon qui marque progressivement son empreinte dans notre système normatif. En effet, lorsqu'on pose un regard distancié sur le traitement de la criminalité en France, il est surprenant de constater des blocages, une forme de confusion voire d'incohérence qui peuvent être de nature à s'auto-alimenter au point de générer des méprises paradigmatiques. Parce que les aspects à la fois politiques, idéologiques et disciplinaires ont joué un rôle fondamental et c'est précisément ce qui surprend à la fois les observateurs nationaux et internationaux. Derrière ces termes, se cache une représentation singulière de la sanction en général. On retrouve ici, bien évidemment, la différence fondamentale entre un système continental de type romano-*germanique* d'inspiration inquisitoire et un système anglo-saxon de type *common law* d'inspiration accusatoire [12]. La distinction sémantique révélée par l'usage des mots peine et sentence n'est toutefois pas anodine et mérite toute l'attention qu'il se doit [13]. Elle peut dans ce prolongement, contribuer par un regard distancié à prendre

12. Sur ce point voir du même auteur : I. Dréan-Rivette, *De la criminologie en Amérique, Perspectives comparées France-Canada*, Editions L'Harmattan, Collection Controverses, 2011 ainsi que l'ouvrage d'Antoine Garapon et Ioannis Papadopoulos, *Juger en Amérique et en France, culture juridique française et common law*, Editions Odile Jacob, 2003.

13. Sur ce point, voir les développements qui y seront consacrés p. 44 et suivantes.

une certaine hauteur de vues sur le système actuel pour mieux tenter de le comprendre [14].

Au-delà des mots, l'ensemble de ces interrogations et questionnements peuvent se prolonger face aux vicissitudes rencontrées depuis ces dernières années en France dans le rapport et le traitement qui ont été réservés à la criminalité. Sur ce point, cet état de fait qui concerne au premier chef la discipline juridique trouve aussi ses racines d'être la singularité persistante d'absence de discipline criminologique. Ces observations s'imposent en effet à la fois en matière criminologique et législative.

En matière criminologique, force est de constater la persistance d'errements. Cette discipline, par définition consacrée à l'étude, l'analyse et le traitement du phénomène criminel, présente dans la majorité des pays occidentaux a du mal à émerger en France. En effet, l'année 2009, fut celle de ce qui était nommé à l'époque le premier acte fondateur de la criminologie en France consacré au Colloque intitulé « La Babel Criminologique, Formation et recherche sur le phénomène criminel : sortir de l'exception française ». L'année 2011, fut celle de la diffusion du rapport Villerbu visant à la création d'une section consacrée à cette discipline au sein du Conseil National Universitaire (CNU). L'année 2012, fut enfin celle de la très courte vie de la criminologie universitaire en France : née le 13 mars 2012, cette dernière disparaissait le 21 août 2012. Ainsi, l'enjeu de la création de la section du Conseil National Universitaire (CNU) initiée sous un gouvernement

14. La notion de culture juridique est ici fondamentale. Elle permet en effet de venir nommer le paradigme à l'intérieur duquel un système prend sens et évolue. Elle renvoie et oblige à s'interroger sur les fondamentaux. Elle est, pour reprendre les termes d'Antoine Garapon et d'Ioannis Papadopoulos « c'est ce qui est donné, le « déjà là », le sens déposé dans l'esprit des membres d'un même peuple, le plus souvent à leur insu. La culture travaille toujours inconsciemment ; il faut la comprendre comme un instituant. C'est pourquoi elle a son siège dans l'esprit des acteurs, de tous-pas uniquement des juristes.... C'est précisément parce que la culture agit inconsciemment qu'elle est difficile à cerner. Ceux qui la partagent n'éprouve pas le besoin de la dire, et les autres ne la voient pas », op.cit., p.21.

qualifié de droite a été déconstruite quelques semaines après l'élection d'un gouvernement qualifié de gauche. Il n'est pas improbable de penser que ces agissements ne sont eux-mêmes pas sans lien avec des représentations idéologiques spécifiques. Résumé de façon réductrice, il serait possible d'oser affirmer que la représentation libérale jugée plus répressive a été substituée par une autre d'inspiration sociale jugée plus libertaire. Pour le regard extérieur, notamment canadien, il y a une source d'incompréhension à vouloir rattacher une discipline universitaire à une appartenance politique selon une classification qui apparaît, à bien des égards, comme très binaire voire réductrice. De même qu'il est difficilement compréhensible pour les nord-américains de saisir les enjeux d'appropriation des différentes disciplines (juridiques, sciences humaines/sociales, médecine légale...) de la science criminologique par essence pluridisciplinaire. Ces allers-retours, essais-erreurs, que d'aucuns pourraient qualifier aussi d'errements, comportent toutefois des enjeux importants en ce qu'ils génèrent des implications délétères. En effet, la difficulté et principale conséquence de cet état de confusion, se traduisent par une incohérence paradigmatique consistant, à défaut de pouvoir se positionner clairement dans ses propres repères (normatifs, politiques, historiques, économiques, idéologiques, culturels et juridiques) à vouloir plaquer un modèle extérieur jugé, à priori, comme performant. Ce sont ici ces observations considérant le « *modèle canadien* » comme la référence suprême en matière de criminologie, mais également l'immixtion tacite du modèle juridique anglo-saxon dans le système juridique français et donc traitement de la criminalité, qui aboutit finalement à un nouvel espace normatif visant à substituer, si on n'y prend pas garde, le modèle légaliste par le modèle actuariel.

Le même constat de difficultés et tâtonnements s'impose en matière législative. La fabrique des lois se traduit par la création de normes. Lesquelles serviront ensuite de référence pour l'institution judiciaire amenée à traiter le phénomène criminel. Ladite institution apportera en effet des réponses concrètes par les décisions judiciaires. Sur ce point, l'année 2014 vu l'avènement de la loi du 15 août créant notamment la contrainte pénale et la Commission d'Application des Peines-Libération Sous Contrainte (CAP LSC) visées respectivement aux articles 131-4-1 du Code Pénal 720 et 730-3 du Code de procédure pénale. Ces deux mesures, n'ont pas plus l'une que l'autre, eu le succès escompté tel qu'en témoignent les chiffres et études à leurs sujets. Pour rappel, la contrainte pénale visée à l'article 131-4-1[15] du Code Pénal constitue une peine correctionnelle,

---

15. L'article 131-4-1 du code pénal dispose « Lorsque la personnalité et la situation matérielle, familiale et sociale de l'auteur d'un délit puni d'une peine d'emprisonnement et les faits de l'espèce justifient un accompagnement socio-éducatif individualisé et soutenu, la juridiction peut prononcer la peine de contrainte pénale.

La contrainte pénale emporte pour le condamné l'obligation de se soumettre, sous le contrôle du juge de l'application des peines, pendant une durée comprise entre six mois et cinq ans et qui est fixée par la juridiction, à des mesures de contrôle et d'assistance ainsi qu'à des obligations et interdictions particulières destinées à prévenir la récidive en favorisant son insertion ou sa réinsertion au sein de la société.

Dès le prononcé de la décision de condamnation, la personne condamnée est astreinte, pour toute la durée d'exécution de sa peine, aux mesures de contrôle prévues à l'article 132-44.

Les obligations et interdictions particulières auxquelles peut être astreint le condamné sont :

1° Les obligations et interdictions prévues à l'article 132-45 en matière de sursis avec mise à l'épreuve ;

2° L'obligation d'effectuer un travail d'intérêt général, dans les conditions prévues à l'article 131-8 ;

3° L'injonction de soins, dans les conditions prévues aux articles L. 3711-1 à L. 3711-5 du code de la santé publique, si la personne a été condamnée pour un délit pour lequel le suivi socio-judiciaire est encouru et qu'une expertise médicale a conclu qu'elle était susceptible de faire l'objet d'un traitement.

Le condamné peut, en outre, bénéficier des mesures d'aide prévues à l'article 132-46 du présent code.

Si elle dispose d'éléments d'information suffisants sur la personnalité du condamné et sur sa situation matérielle, familiale et sociale, la juridiction qui prononce la contrainte pénale peut définir les obligations et interdictions particulières auxquelles celui-ci est astreint parmi celles mentionnées aux 1° à 3° du présent article.

La juridiction fixe également la durée maximale de l'emprisonnement encouru par le condamné en cas d'inobservation des obligations et interdictions auxquelles il est astreint. Cet emprisonnement ne peut excéder deux ans, ni le maximum de la peine d'emprisonnement encourue. Les conditions dans les-

alternative à l'emprisonnement. Le législateur a fait le choix de la faire figurer en seconde position, entre l'emprisonnement et l'amende, dans la liste des peines correctionnelles édictées à l'article 131-3 du code pénal [16]. Impliquant une évaluation approfondie et régulièrement renouvelée de la personnalité et de la situation matérielle, familiale et sociale du condamné, la contrainte pénale a pour vocation de permettre un suivi renforcé et individualisé du condamné en milieu ouvert. La création de cette peine s'accompagne d'un mouvement, plus large, de *« rénovation des méthodes d'intervention et de prise en charge des Services Pénitentiaires d'Insertion et de Probation (SPIP) »*, inspiré du modèle anglo-saxon dit « Risques-besoins-réceptivité » (RBR), qui vise à définir un plan d'exécution de

---

quelles l'exécution de l'emprisonnement peut être ordonnée, en tout ou partie, sont fixées par le code de procédure pénale.
Après le prononcé de la décision, le président de la juridiction notifie à la personne condamnée, lorsqu'elle est présente, les obligations et interdictions qui lui incombent ainsi que les conséquences qui résulteraient de leur violation.
Dans des conditions et selon des modalités précisées par le code de procédure pénale, après évaluation de la personnalité et de la situation matérielle, familiale et sociale du condamné par le service pénitentiaire d'insertion et de probation, le juge de l'application des peines, lorsqu'il n'a pas été fait application du neuvième alinéa du présent article, détermine les obligations et interdictions auxquelles est astreint le condamné parmi celles mentionnées aux 1° à 3°, ainsi que les mesures d'aide dont il bénéficie. S'il a été fait application du neuvième alinéa, le juge de l'application des peines peut modifier, supprimer ou compléter les obligations et interdictions décidées par la juridiction ; il détermine les mesures d'aide dont le condamné bénéficie. Au cours de l'exécution de la contrainte pénale, les obligations et interdictions et les mesures d'aide peuvent être modifiées, supprimées ou complétées par le juge de l'application des peines au regard de l'évolution du condamné.
La condamnation à la contrainte pénale est exécutoire par provision ».

16. Cette sanction est issue des travaux de la conférence de consensus sur la prévention de la récidive, organisée de septembre 2012 à février 2013, et inspirée des règles européennes de probation, adoptées par le Conseil de l'Europe le 20 janvier 2010, qui définissent la probation comme « l'exécution en milieu ouvert de sanctions et mesures définies par la loi et prononcées à l'encontre d'un auteur d'infraction » et qui consiste « en toute une série d'activités et d'interventions, qui impliquent suivi, conseil et assistance dans le but de réintégrer socialement l'auteur d'infraction dans la société et de contribuer à la sécurité collective ».

peine pour accompagner le condamné dans un parcours de sortie de délinquance sur la base d'une évaluation structurée.

Sur le principe l'idée est séduisante tout autant que louable. Toutefois, 2 ans après sa création le rapport de l'Inspection des Services Judiciaires n° 22-16 de juillet 2016, relatif à l'évolution des aménagements de peine et recours à la contrainte pénale et à la libération sous contrainte, souligne le faible taux de peine de contrainte pénale prononcée en France depuis sa création [17].

Si la contrainte pénale n'a pas eu l'effet escompté, force est de constater qu'il en a été de même pour la Commission d'Application des Peines-Libération Sous Contrainte (CAP LSC) pour laquelle les taux d'octroi sont très faibles. Pour rappel, l'article 707 du code de procédure pénale fixe à l'exécution des peines un objectif de retour progressif des détenus à la liberté, afin d'éviter une remise en liberté sans aucune forme de suivi judiciaire. Parmi les mécanismes permettant d'atteindre cet objectif, la loi du 15 août 2014 a ainsi introduit, à compter du 1er janvier 2015, deux nouvelles dispositions : la libération sous contrainte à proprement parler, pour les condamnés à une peine inférieure ou égale à 5 ans

---

17. Il relève en effet qu'il ressort que « sur les vingt premiers mois de mise en place de la contrainte pénale, 1 854 ont été prononcées, soit une moyenne de 93 contraintes pénales prononcées par mois depuis l'origine (cette moyenne est de 112 contraintes pénales par mois sur les six premiers mois de 2016). En mai 2016, il y a eu 123 contraintes pénales prononcées. Les 1 854 contraintes pénales prononcées représentent 0,18 % de l'ensemble des mesures prononcées pour des personnes reconnues coupables. Dans le même temps, le sursis avec mise à l'épreuve (SME) total représente 7,8 % de l'ensemble de ces mesures (Rapport de l'Inspection des Services Judiciaires n° 22-16 de Juillet 2016 relatif à l'Évolution des aménagements de peine et recours à la contrainte pénale et à la libération sous contrainte) » et d'ajouter « de manière générale, le nombre de contrainte pénale prononcées au 30 mai 2016 est nettement inférieur au chiffre de projection de l'étude d'impact du 7 octobre 2013, de 8 000 à 20 000 par an, la peine, selon cette étude d'impact, devant empiéter sur les 60 000 SME partiels et sur certaines courtes peines d'emprisonnement. Sur la période couverte jusqu'au 30 mai 2016, on compte en réalité une contrainte pénale pour 43 sursis avec mise à l'épreuve prononcés ».

d'emprisonnement article 720 [18] Code de Procédure Pénale (CPP), et un examen systématique de la situation des condamnés à plus de 5 ans d'emprisonnement ou de réclusion en vue de leur libération conditionnelle (art. 730-3 CPP) [19]. Sur

---

18. L''article 720 du Code de procédure pénale dispose « Lorsque la durée de la peine accomplie est au moins égale au double de la durée de la peine restant à subir, la situation de la personne condamnée exécutant une ou plusieurs peines privatives de liberté d'une durée totale inférieure ou égale à cinq ans est examinée par le juge de l'application des peines.
A l'issue de cet examen en commission de l'application des peines, le juge de l'application des peines décide, par ordonnance motivée, soit de prononcer une mesure de libération sous contrainte, dans le respect des exigences prévues à l'article 707, soit, s'il estime qu'une telle mesure n'est pas possible ou si la personne condamnée n'a pas fait préalablement connaître son accord, de ne pas la prononcer. Il peut ordonner la comparution de la personne condamnée devant la commission de l'application des peines afin d'entendre ses observations et, le cas échéant, celles de son avocat. Ce dernier peut également transmettre des observations écrites au juge de l'application des peines.
La libération sous contrainte entraîne l'exécution du reliquat de peine sous le régime, selon la décision prise par le juge de l'application des peines, de la semi-liberté, du placement à l'extérieur, du placement sous surveillance électronique ou de la libération conditionnelle. Les conséquences de l'inobservation de ces mesures sont celles prévues au présent code.
S'il n'est pas procédé à l'examen de la situation de la personne condamnée conformément aux dispositions du premier alinéa du présent article, le président de la chambre de l'application des peines de la cour d'appel peut, d'office ou sur saisine de la personne condamnée ou du procureur de la République, prononcer une mesure de libération sous contrainte dans les conditions prévues au deuxième alinéa.
19. L'article 730-3 du Code de Procédure Pénale dispose quant à lui « Lorsque la durée de la peine accomplie est au moins égale au double de la durée de la peine restant à subir, la situation de la personne condamnée exécutant une ou plusieurs peines privatives de liberté d'une durée totale de plus de cinq ans est examinée par le juge ou le tribunal de l'application des peines à l'occasion d'un débat contradictoire tenu selon les modalités prévues aux articles 712-6 ou 712-7, afin qu'il soit statué sur l'octroi d'une libération conditionnelle. Si la personne a été condamnée à la réclusion criminelle à perpétuité, ce débat ne peut intervenir avant le terme du temps d'épreuve ni avant celui de la période de sûreté. Le juge ou le tribunal de l'application des peines n'est pas tenu d'examiner la situation de la personne qui a fait préalablement savoir qu'elle refusait toute mesure de libération conditionnelle. Un décret fixe les conditions d'application du présent alinéa. S'il n'est pas procédé au débat contradictoire dans les conditions prévues au premier alinéa du présent article, la chambre de l'application des peines de la cour d'appel peut, d'office ou sur

ce point, ces deux dernières mesures ne sont pas sans faire penser aux dispositions législatives canadiennes et singulièrement celles relatives aux libérations conditionnelles et libérations d'office [20]. Là encore, le résultat obtenu est loin des volontés escomptées comme le souligne le rapport précité qui retient « si le nombre de Libération Sous Contrainte (LSC) suivie est fluctuant d'une Direction Interrégionale des Services Pénitentiaires (DISP) à l'autre, il reste très faible pour chacune d'entre elles par rapport au nombre de condamnés écroués détenus [21].

Ainsi, un constat s'impose : depuis l'entrée en vigueur de ces mesures à visée législative ou criminologique, il n'y a eu que peu ou pas d'évolution sur ce point. Cet état de fait amène ainsi à s'interroger sur cette « *exception française* » pour ne pas dire cette résistance française qui persiste et plus singulièrement ce « *malaise dans (le traitement de) la criminalité* », là où les autres civilisations occidentales y sont parvenues.

L'idée qui préside à cet essai sera de se positionner résolument en dehors de tout déterminisme ou idéologisme pour

---

saisine de la personne condamnée ou du procureur de la République, tenir ce débat ».

20. La première constitue une possibilité pour le condamné (à l'exception de ceux exécutant un emprisonnement à perpétuité pour meurtre) ayant purgé les deux tiers de sa peine ou 7 ans de solliciter une libération conditionnelle totale.

Cette mesure se distingue de la libération d'office au terme de laquelle en vertu de la loi, la plupart des détenus sous responsabilité fédérale sont automatiquement libérés après avoir purgé les deux tiers de leur peine s'ils n'ont pas déjà obtenu la libération conditionnelle totale.

21. Dans le ressort de la DISP de Rennes, 19 LSC sont suivies pour 5 521 condamnés (nombre total de LSC le plus bas) tandis que, dans le ressort de la DISP de Lille, 69 mesures sont suivies pour 8 310 condamnés (nombre total de LSC le plus élevé). La DISP de Paris, la plus importante en nombre de condamnés écroués, en compte 46 pour 11 032 condamnés. Le pourcentage de LSC reste en deçà de 1 % de l'ensemble de condamnés pour chaque Direction Interrégionale (sauf la Direction Interrégionale de Marseille et l'Outre-Mer avec 1 %). Sur le nombre total de condamnés écroués, (de 60 220), la LSC représente 0,70 % soit 419 ».

tenter d'approcher par une clarification, les fondements mêmes de ce malaise et d'en décrypter les déterminants. C'est en effet par ce processus de « déconstruction » qu'il deviendra possible d'appréhender l'état d'avancement de ce processus de maturation singulier du traitement de la criminalité française, pour voir où celle-ci se trouve dans son cheminement de création s'ouvrant vers un nouveau paradigme pénal. Sur ce point, le regard croisé d'une praticienne institutionnelle française en l'espèce, une juge de l'application des peines dotée d'une expérience comparée France-Canada, tentera de contribuer à éclairer les points d'achoppement dans ce processus de création qui se poursuit toutefois vers une émancipation. Il s'agira en effet de montrer qu'il convient de rester optimiste et ouvert aux champs des possibles, dés lors que ceux-ci agissent dans le respect des fondamentaux culturels français. Le fil rouge de la démonstration consistera à prendre conscience des caractéristiques et particularités d'un système juridique, qui trouvent leurs existences dans des fondements paradigmatiques qui lui sont propres parce qu'ils résultent de constructions historiques, de choix politiques, de conception philosophique, d'environnement culturel… et qu'en conséquence il serait vain de vouloir calquer des effets sur des causes différentes. Partant de ce constat, l'idée n'est peut-être pas tant d'opposer deux systèmes différents, pas plus que de vouloir substituer l'un à l'autre, mais de concilier les avantages de chacun d'eux à partir et dans le respect de ce qui le constitue pour s'adapter à ce monde globalisé qui est le nôtre. Il sera ainsi proposé de tenter d'appréhender et de nommer les causes multifactorielles de ces blocages, à partir d'une approche résolument pratique, trouvant sa source dans le laboratoire quotidien de l'application des peines. Ce moyen de réflexion, issu de la pratique, permettra de mettre en avant l'idée selon laquelle, l'efficience et surtout l'intelligibilité de l'action pénale, passent par la nécessité de concilier nos paradigmes nationaux, constitutifs de notre singularité, avec les paradigmes internationaux existant dans une société mondialisée néo libérale. Ce regard théorique trouvera son terreau dans la pratique d'un service d'application des peines de province. C'est de l'expérience de cette réalité à l'épreuve quotidienne menée par le juge de l'application des peines, et au prix de cet effort de clarification, que pourra se révéler le sens même de la justice pénale.

La criminalité et son traitement doivent se penser comme un carrefour de trois dimensions à la fois fort différentes, mais interagissant entre elles de manière permanente : la dimension normative, la dimension politique, et une nouvelle apparue depuis déjà quelque temps et prenant une place grandissante, la dimension économique. Chacune de ces dimensions est porteuse de principes sous-jacents et d'implications théoriques, c'est-à-dire de paradigmes bien spécifiques. Aussi, dans un monde globalisé y compris au niveau du droit, le risque est grand de vouloir appréhender chacune de ces dimensions de manière uniforme selon une axiomatique valable et applicable à tous. Cette perspective mondiale avec laquelle il convient désormais d'agir et d'évoluer, à un effet majeur. Elle consiste et oblige à penser en termes généraux, par définition connus, acquis et applicables à tous, dans le souci d'une harmonisation, voire une efficacité souhaitée. Cet état de fait, présente certes l'avantage de l'unité, du moins en apparence, mais il risque aussi fort également de nier les particularités de chacun des acteurs. Ceci est particulièrement vrai en matière de production normative pénale et donc, par la même occasion, dans sa mise en œuvre pratique ou le risque de méprise est encore plus grand, compte tenu de la dimension humaine des enjeux en cours, à la fois pour les parties en cause et les auteurs d'infraction et plus généralement les membres de la société. Il l'est également parce que ce mode de raisonnement et d'appréhension de la criminalité ne semble nullement adapté aux fondamentaux français tels qu'ils résultent à la fois de notre histoire, de notre culture et de nos principes de droit et procédure pénale français. Toutefois, pour percevoir ces effets et risques encore faut-il préalablement nommer et analyser les ressorts de chacune de ces dimensions, ceci pour appréhender la façon selon laquelle elles sont porteuses d'implications aussi diverses, variées que profondes.

I

DE LA DIMENSION NORMATIVE DE LA CRIMINALITÉ

La délinquance contemporaine est à bien des égards à l'image du monde dans lequel elle se meut notre société française : extrême, inattendue et connectée.

Extrême, elle l'est à l'instar des disparités gigantesques qui traversent le monde où se côtoient les excès en tous genres (financiers, alimentaires, de relation à l'espace-temps, à l'autre…) et la plus terrible des indigences. Ce qu'il est coutume d'appeler le « *petit délinquant* » coexiste désormais avec la figure du « *terroriste* » capable du pire.

Inattendue, car il est impossible d'ignorer que désormais tout peut arriver à n'importe quel moment nécessitant une réponse immédiate. Si la notion d'aléa a toujours été présente, le crime et plus largement la vie, se passant rarement selon un scénario construit ; le caractère inattendu s'impose, car les référentiels ne sont plus les mêmes [22]. Ce caractère d'inattendu

22. Antoine Garapon et Michel Rosenfeld ont recours à des expressions précises pour traduire cet état de fait. Ils évoquent ainsi « l'abolissement soudain du rapport habituel au temps et à l'espace », « la disparition irréconciliable

est en outre accentué par la dimension d'urgence permanente qu'il convoque avec lui. Ainsi, si dans les années 70 et 80 le terroriste, connu et reconnu de tous dans le monde carcéral selon une hiérarchie des normes interne à ce dit monde, agissait selon un mode opératoire précis, dans des lieux revendiqués et ciblés avec des valeurs communes ; aujourd'hui, la personne suspectée de radicalisme, qui se fond dans le décor carcéral pour agir dans la plus grande des discrétions, n'a pas les mêmes référentiels. Pour elle, la mort constitue une valeur, le religieux prime sur le politique, la manifestation de son opposition peut prendre toutes les formes, à tous les instants et en tous lieux même les plus improbables. En d'autres termes, l'absence de lisibilité sur son fonctionnement accentue et démultiplie le risque par définition toujours présent. Dit autrement « le terrorisme rend toute équivalence impossible, car celle-ci requiert un système symbolique commun (le temps, l'argent, la politique) » [23].

Connectée enfin, parce qu'il s'agit ici de la caractéristique majeure de la révolution numérique mondiale en cours. L'information est diffusée en instantané. Le fait qui se déroule à l'autre bout de la terre est connu de tous dans une même instantanéité sur la planète. Il s'agit de la consécration de l'immatériel et du virtuel. Ainsi, le chef de réseau d'un trafic de stupéfiants continue-t-il à œuvrer depuis sa cellule via son smartphone (en violation complète du règlement pénitentiaire) tout comme la personne suspectée de radicalisation et « fichée S » limite ses allers-venues à l'extérieur du pays et reçoit désormais des instructions par le biais du (dark) net.

Si la délinquance subit ces influences multiples, il en va de même pour l'institution chargée de la prendre en charge. Dans son ouvrage « La Raison du moindre Etat, le néolibéralisme et la justice » [24] Antoine Garapon relève ce qu'il nomme

---

des références propres à l'action de chacun », « l'effondrement d'un cadre commun de compréhension de la vie », p.5.

23. *Op. cit,* p. 5.

24. La Raison du moindre Etat, Le néolibéralisme et la justice, A. Garapon, Odile Jacob, 2010

« l'avènement d'un nouveau modèle de justice : la justice néolibérale » à force d'exemples : traitement en temps réel des affaires pénales, introduction du plaider coupable, généralisation de la transaction, rétention de sûreté ». Le monde pénal n'y échappe pas. La création de la Commission d'Application des Peines-Libération Sous Contrainte (CAP LSC) précédemment citée relève de cet esprit. L'idée qui préside à cette approche est de rationaliser la production judiciaire. Malgré des références historiques françaises préexistantes allant de Guizot à Tocqueville, le néo-libéralisme actuel est inspiré du monde anglo-saxon. On retrouve donc ici cette attirance, cet attrait, voire fascination pour ce modèle qui fait des introductions multiples dans notre système juridique. Dont acte. Mais quels sont les ressorts d'une telle attraction-fascination ? Pourquoi son efficacité est-elle présentée comme postulat ? Cette efficacité s'apprécie à l'aune de quel critère : celui apporté par la réponse pénale ? Celui émanant du délai de traitement ? Celui résultant du taux de récidive ?

Sur ce point, il convient en effet d'être prudent et de ne pas se perdre par des procédés de « copier-coller » au risque de se défaire ainsi de ce qui constitue l'identité même du système judiciaire français. C'est peut-être là que la résistance, (au demeurant salvatrice), persiste. En effet, il s'agit ici de ne pas perdre de vue d'une part le paradigme sous-jacent et contenu dans chacun de ces modèles qui se sont construits différemment. Il s'agit d'autre part de voir à quel point chacun d'entre eux prend son sens dans une histoire qui lui est propre et qui structure ainsi les fondamentaux juridiques. En d'autres termes, chacun de ces modèles fondamentalement différents a construit une historiographie juridique qui lui est propre parce qu'il s'est construit au fil du temps avec l'histoire du pays traversé par des influences multiples : philosophiques, culturelles, religieuses, politiques… Cette prudence à avoir, s'avère particulièrement importante en matière pénale, précisément parce que cette discipline s'adresse à des personnes pour lesquelles la référence et l'intégration de la loi ont rencontré des obstacles. Il convient en effet de garder précieusement le référentiel juridique légal, issu du système de codification comme un vecteur contenant. Il s'agit de structurer, toujours et en tout temps, par le rappel symbolique de la loi. Parce qu'au même titre que notre société démocratique soumise aux pressions et urgences permanentes, il convient de garder à l'esprit que « les armes à opposer au terrorisme ne sont pas seulement guerrières, policières ou procédurales : elles reposent sur notre capacité à cultiver les vertus démocratiques de résistance et de sérénité » [25]. Le cadre dans lequel la justice est amenée à s'exprimer revêt donc une importance fondamentale. Ce cadre est d'autant plus important qu'il agît de manière inconsciente compte tenu de son caractère symbolique.

Si l'on reprend la distinction précitée peine/sentence le détour initié par la linguistique mérite d'être prolongé afin d'en mesurer tout le sens et les implications qui se cachent derrière l'utilisation de ces deux termes fort différents. Parce que derrière les mots, ce sont des représentations du droit qui sont véhiculées et mises en œuvre de façon concrète. En effet, une démarche comparée ne doit pas se réduire à une simple juxtaposition, aussi exhaustive soit-elle, de chacun des éléments de deux systèmes. Par exemple, les termes d'apparemment communs pour des juristes de preuve, procès, avocats ou juges, revêtent derrière leur similitude terminologique des réalités fort différentes dans le système juridique de Common Law ou celui romano-germanique. L'auteur précité fait ici référence aux deux principaux systèmes de droit existant dans le monde occidental. Ils sont pour chacun d'eux porteurs d'une vision et d'une pratique de droit fondamentalement différent. Ce point de départ de procédure pénale comparée, bien que nécessaire n'en demeure pas moins insuffisant, pour prendre toute la mesure des différences culturelles de chacun des deux systèmes juridiques. Parce qu'avant de porter l'attention sur la distinction théorique de procédure pénale accusatoire *versus* inquisitoire [26],

25. A. Garapon, M. Rosenfeld, Démocraties sous stress, Les défis du terrorisme global, PUF, 2016, p. 7.
26. La distinction entre la procédure inquisitoire et la procédure accusatoire peut se distinguer très succinctement par les caractéristiques suivantes : se-

il s'agit de voir que c'est tout un rapport, une représentation et un traitement du phénomène criminel qui sont en jeu dans chacune de ces deux familles et cultures juridiques. Le système continental, auquel se réfère la France se fonde sur une certaine verticalité représentée par le légalisme. La loi impose du haut à la personne dans son for intérieur. Le système anglo-saxon se fonde quant à lui sur une certaine horizontalité incarnée par le caractère jurisprudentiel. La loi a pour but d'unifier les individus par des comportements destinés de manière pragmatique à prévenir le risque de récidive [27].

Loin de vouloir opposer ces deux systèmes juridiques [28], il convient de prendre conscience que chacun d'eux s'est créé, existe et se développe dans un cadre qui lui est propre et à partir d'une identité singulière qu'il convient de toujours garder à l'esprit pour ne pas se perdre. Il est possible, obéissant ainsi à une certaine forme de réciprocité, de prendre des éléments en apparence flatteurs d'un modèle. Toutefois, il convient de toujours procéder à une traduction de ceux-ci pour leur permettre une intégration réussie. En d'autres termes, il s'agit d'agir et de créer dans le respect de la singularité d'une histoire qu'elle soit celle d'un individu, d'un système ou d'un pays [29]. C'est donc à partir d'un axiome normatif qu'il faut réfléchir.

Cette expression, d'axiome normatif, doit se comprendre comme une réflexion autour du modèle juridique utilisé dans un

---

crète, écrite et non contradictoire pour la procédure inquisitoire ; publique, orale et contradictoire pour la procédure accusatoire. Dans la première le rôle du juge est fondamental. Dans la seconde son rôle s'apparente plus à celui d'arbitre

27. Les distinctions entre ces deux types de procédures feront l'objet de plus de développements. Sur ce point voir supra, p. 36.

28. Il convient en effet de préciser que chacun d'eux ne s'exprime pas de manière exclusive et qu'il serait impropre de qualifier un système de « tout accusatoire » et un autre de « tout inquisitoire ». Toutefois, si ces deux caractéristiques se retrouvent dans chacun des systèmes, il est juste de dire que règne un esprit dominant dans chacun d'eux.

29. Dit en d'autres termes, la plus grande des prudences est nécessaire. Il est important d'avoir une attention particulière au cadre référentiel à partir duquel un système de droit s'est construit.

pays à partir duquel tout le système de droit s'est construit au fil du temps, des évènements, des réactions, des ruptures, des consensus. Il s'agit d'un système, dans lequel sont amenés à évoluer les justiciables tout comme les professionnels. C'est le cadre avec lequel chacun d'eux est amené à « faire avec » et qui contient, sans que plus personne ne s'en rende compte, une certaine conception du droit, conception de l'homme, conception du crime et de son traitement. Autrement nommé, il s'agit de « *l'esprit des lois* » pour reprendre une expression chère à Montesquieu. L'axiome normatif contient donc, et constitue le point de départ à partir duquel une certaine vision de l'homme et donc de la peine s'établit.

Ainsi, il est constant de rappeler que le monde juridique occidental est composé de deux branches familiales aux héritages normatifs différents : la *common law* qui comme son nom l'indique est d'inspiration anglo-saxonne, et ce qu'il est coutume d'appeler le droit romano-germanique ou continental présent dans le monde d'inspiration latine. Personne ne disconvient sur le fait que les vicissitudes de l'histoire ont permis à un modèle de prévaloir sur un autre par l'extension territoriale aux fils du temps et des conquêtes. Ainsi, le modèle anglo-saxon, largement prédominant dans le monde conçoit il la justice comme un outil au service d'une égalité qu'il veut arithmétique. L'idée est de mettre tous les justiciables sur le même plan dans un mouvement d'accord et de consensus obéissant ainsi à une forme d'horizontalité. Dans une telle conception, le crime est perçu et traité comme un élément objectif relevant de l'acte. C'est ici l'application d'une justice aristotélicienne commutative qui règle les échanges, entre des personnes elles-mêmes considérées comme égales. Ce modèle se distingue du modèle droit romano-germanique aussi appelé droit continental qui vise quant à lui la poursuite d'une égalité qui se veut plus géométrique. L'idée ici est de prendre le justiciable au niveau qui est le sien et donc par définition différent pour chacun pour l'accompagner, par et avec la loi, dans un mouvement d'émancipation et d'individualisation obéissant ainsi à une certaine forme de verticalité. Dans une telle conception le crime est perçu et traité comme un élément subjectif relevant de la personne. C'est ici l'application d'une justice distributive, qui comme son nom l'indique, fait cas des inégalités entre les personnes. C'est ce à quoi s'efforce d'œuvrer le JAP quotidiennement. Le mouvement symbolique n'est pas le même : là où l'un œuvre dans un rapport vertical entre entités physiques, l'autre agit dans un sens horizontal entre entités abstraites. Avec de telles distinctions majeures, il n'est pas surprenant que la criminologie entendue comme la science objective du crime, discipline qui plus est pluridisciplinaire, rencontre quelques difficultés à trouver une place à l'intérieur d'un modèle essentiellement vertical, unique et centralisé autour de la loi. Pourtant, une fois ces éléments de distinction mis en mots, il semblerait fondamental d'accorder la place qu'il se doit à cette discipline dans le traitement de la criminalité. En effet, dans ce monde globalisé qui bouge en permanence et dans lequel la violence est omniprésente et le risque (d'attentat) potentiellement partout, il apparaît difficile, voire incongru de se priver d'une réflexion sur cet outil supplémentaire précieux. Il y a assurément un intérêt majeur, dans les sociétés actuelles devenues insécures, à penser cette discipline comme un élément complémentaire et non-substitutif du droit.

Chapitre I. - Le droit continental : de la peine, pour l'expression d'une personnalité, dans la verticalité

Aux termes des dispositions de l'article 707 du Code de procédure pénale, article phare en matière d'application des peines, il est établi que « sur décision ou sous le contrôle des autorités judiciaires, *les peines* prononcées par les juridictions *pénales* sont, sauf circonstances insurmontables, mises à exécution de façon effective et dans les meilleurs délais. Le régime d'exécution des *peines* privatives et restrictives de liberté vise à préparer l'insertion ou la réinsertion de la *personne* condamnée afin de lui permettre d'agir en *personne* responsable, respectueuse des règles et des intérêts de la société et d'éviter la commission de nouvelles infractions. Ce régime est adapté au fur et à mesure de l'exécution de la *peine*, en fonction de l'évolution de la *personnalité* et de la situation matérielle, familiale et sociale de la personne condamnée, qui font l'objet d'évaluations régulières. Toute personne condamnée incarcérée en exécution d'une peine privative de liberté bénéficie, chaque fois que cela est possible, d'un retour progressif à la liberté en tenant compte des conditions matérielles de détention et du taux d'occupation de l'établissement *pénitentiaire*, dans le cadre d'une mesure de semi-liberté, de placement à l'extérieur, de placement sous surveillance électronique, de libération conditionnelle ou d'une libération sous contrainte, afin d'éviter une remise en liberté sans aucune forme de suivi judiciaire ».

Dès lors qu'une infraction a été commise le système judiciaire français répond à la commission d'une infraction par le prononcé d'une *peine*. Le mot est posé. Le détour par la sémantique est ici important. La peine, tire son étymologie du latin *poena* qui signifie la punition ou du grec *poinê* qui renvoie au châtiment. Elle est toute emprunte de pénitence, de souffrance et de contrition. C'est la marque et l'expression d'une justice rétributive qui s'expriment ici. Cette représentation, et cet usage sui generis de la sanction, qui trouvent leur traduction dans le mot « peine », sont directement inspirés de la pensée religieuse catholique. Cette influence et dimension culturelle si fortement ancrées au point de ne plus en avoir conscience, marquent de leur empreinte terminologique le champ de la pénalité en France : droit pénal (général ou spécial), administration pénitentiaire, droit d'exécution ou d'application des peines. Il règne dans le vocable de peine, qui est aussi une émotion, une dimension de for intérieur qui amène à réfléchir et faire pénitence, du latin *poenitentia* qui signifie repentir, regret. Très emprunte de christianisme, la justice est ici considérée comme « une instance symbolique chargée de dire le bien et le mal » Par cette acception, c'est aussi toute une conception sous-jacente qui en résulte : la peine concerne au premier chef la personne.

Sur ce point, l'article 707 du Code de procédure pénale constitue le prolongement du principe initial de *personnalisation de la peine* inscrit dans le Code pénal selon lequel « Les *peines* peuvent être *personnalisées* » et visé à l'article 132-24. Avec ces dispositions, le principe pose et inscrit d'emblée la peine dans un rapport à la personne.

Et c'est précisément à partir et dans ce processus de personnalisation, émanation du système inquisitoire faisant une place importante au juge et à sa rencontre avec la personne, que se joue l'essentiel. Toute la force et la structure même de ce système résident dans cette rencontre symbolique. C'est à l'intérieur de cet espace qu'œuvre le JAP. L'échange instauré dans cette rencontre personnalisée passe par les mots : les mots dits par la personne tout autant que les mots écrits par le magistrat. C'est en effet la personne condamnée qui lors de sa comparution à l'audience devant le juge de l'application des peines [30] est amenée avec ses propres mots à exposer et expliquer son projet d'aménagement de peine. C'est-à-dire après une période d'exécution de celle-ci variant selon la mesure sollicitée (libération conditionnelle, semi-liberté, placement sous surveillance électrique, placement extérieur) la personne condamnée vient expliciter la façon selon laquelle elle a cheminé depuis le prononcé de la sanction et comment elle a envisagé et construit sa sortie. Elle est ainsi conduite à évoquer les conditions de sa détention, la manière dont elle a mis en place des soins (qu'ils soient médicaux, d'addictologie ou de nature psychologique ou psychiatrique). Elle expose les

---

30. Depuis la loi n° 2000-516 du 15 juin 2000 renforçant la protection de la présomption d'innocence et les droits des victimes, ensuite par la loi n° 2004-204 du 9 mars 2004 - dite Perben II - portant adaptation de la justice aux évolutions de la criminalité, le droit de l'application des peines a été profondément modifié s'ouvrant à la juridictionnalisation. Concrètement le processus qui permet à une personne condamnée de sortir de détention par l'octroi d'une mesure d'aménagement de peine est subordonnée à une audience, qui se déroule en détention. Cette audience, répond aux mêmes critères que ceux ayant présidé à son jugement c'est à dire selon un débat contradictoire, devant un juge en présence du Ministère Public, d'un greffier, d'un représentant de l'administration pénitentiaire, avec l'assistance d'un avocat, un droit d'appel, etc… Sur ce point voir *Supra*.

éléments relatifs au travail ou aux formations qu'elle a mis en œuvre où poursuivit, les activités sociales ou culturelles auxquelles elle participe. Il n'est pas sans intérêt pour le juge de l'application de l'interroger sur le regard qu'elle porte à posteriori sur les faits pour lesquels elle a été condamnée ainsi que la nature et le quantum de la peine prononcée. Il s'agit ici autant d'éléments qui par les mots utilisés, mais également le ton, les gestes, les regards et plus généralement le positionnement très vite révélateur d'une personnalité profonde et d'un rapport au monde, viennent éclairer sur le sens qui a été accordé ou pas par le condamné à la peine prononcée. L'ensemble de ces éléments précités révèlent en effet la façon selon laquelle le détenu a tenté de s'en saisir pour se comprendre, comprendre le sens de cet acte dans son parcours de vie ou au contraire s'en défendre, voire l'ignorer. Sur ce point, la plaidoirie de l'avocat aussi juste soit elle avec un sens de la formule et une justesse dans le choix des arguments pour penser la réinsertion, n'est jamais aussi pertinente, déroutante, émouvante ou édifiante que les mots utilisés par le condamné ponctués de ces expressions classiques *« je ne sais pas comment le dire »* ou *« je n'ai pas l'habitude de parler »*, sous-entendu de moi. C'est ainsi qu'il est aisé, après les quelques premières minutes de contenance affichée (résultant d'une part de la volonté, au demeurant légitime, de se présenter sous le meilleur jour et d'autre part de l'effet d'impression sur la personne imposé par le rituel judiciaire) de voir apparaître la personnalité suite aux questions posées dans le cadre du débat contradictoire : timidité et repli sur soi, incompréhension totale signe d'une pathologie psychiatrique lourde, logorrhée ou envolée lyrique traduisant une volonté de (s'auto) convaincre du bienfait de la mesure sollicitée, agressivité manifeste verbale avec des remises en cause personnelle ou institutionnelle voire agressivité physique avec des départs intempestifs de la salle d'audience accompagnés de coup-de-poing dans les murs… Les mots ont donc ici un rôle fondamental. Ils viennent exprimer le parcours de vie de la personne toujours repris dans le rapport initial, précédemment écrit par le Conseiller Pénitentiaire d'Insertion et de Probation (CPIP) présenté par le juge de l'application des peines : être issu d'un *viol* n'est pas anodin ou avoir connu les signes de *l'alcoolisme* à une dizaine d'années non plus. Les mots viennent également expliciter l'acte commis : un *assassinat* n'est pas un simple *« règlement de comptes »*, de même que des *actes de tortures et de barbarie* ne se limitent pas à « *une situation qui a dégénéré* ». Ils viennent également poser les jalons du futur, fondement même de l'aménagement de peine. Sur ce point, appréhender l'avenir pour *« reprendre une vie normale, trouver un travail et fonder une famille »* arguments généraux classiquement invoqués se différencient de *« rejoindre un lieu de placement extérieur dans un établissement situé à 20 kilomètres pour une durée de 6 mois dans le cadre d'un contrat à durée déterminée d'insertion (CDDI)* ». La représentation du futur avec toute la dimension de projection n'est pas la même. Ce sont ces mêmes mots qui seront repris in extenso, voire renommés, dans la décision judiciaire d'octroi ou de rejet de la demande d'aménagement de peine, constituant ainsi autant de reformulations (résumés de la vie passée), préconisations, guides individuels (pour penser l'avenir). Ils peuvent prendre la forme de recommandations individuelles, d'éléments d'anticipation (face à une situation future imaginée depuis la détention et bien souvent idéalisée), d'encouragement (pour les efforts initiés et à poursuivre), de sanction (face à un comportement pénitentiaire inadapté caractérisé par des incidents multiples). Les mots prennent sens dans un système juridique fondé sur la loi et son application personnalisée à un cas d'espèce exprimé dans toute sa singularité. Ce processus fait se déployer dans le monde du langage des allers-retours entre le juge et le condamné qui au fil de l'audience peuvent prendre de multiples formes. Ils peuvent en effet se traduire par des questionnements, des reconnaissances, des rappels à l'ordre, des encouragements…C'est ici tout le fondement même du système juridique français de type romano-germanique qui s'exprime de cette manière. Ce système d'inspiration accusatoire, fondé sur une justice rétributive obéit à un raisonnement déductif qui consiste à partir du texte de loi à apporter une réponse individualisée et personnalisée pour reprendre les termes du code pénal.

Ce système continental institue et élève un individu à partir et par la loi, lui conférant ainsi une structure contenante. La loi offre à la personne une référence verticale, une sorte de colonne vertébrale symbolique, dont elle décidera de s'en saisir ou pas. Par ce raisonnement oral dans le cadre de l'audience et qui se prolongera dans la décision écrite, le juge a pour unique volonté de confronter la règle de droit à la situation personnelle de l'individu présent devant lui, selon les termes de la loi. A ce niveau, à partir des éléments de parcours de vie de la personne au centre desquels se trouve le crime, il doit reconstituer le chemin effectué depuis le prononcé de la peine. Il apprécie l'évolution du condamné. Cette analyse juridique fait appel à de nombreux critères : psychologiques (prise de conscience de la gravité des faits et mise en œuvre de soins), sociétaux (situation administrative, régularisation des droits sociaux), professionnel ou de formation (mis en œuvre ou poursuivis durant la période de détention), matériel (lieu d'hébergement autonome ou en structure d'accueil), financier (revenus mensuels, investissement dans le remboursement des sommes dues aux parties civiles), comportementaux (existence ou non de problèmes disciplinaires). Le système de droit romano-germanique, aussi appelé droit continental, se distingue de celui de type *Common Law*. Ce système, qui puise ses origines dans le droit romain, a pour principale caractéristique de reposer sur la codification. « La loi est la première source du droit. La codification décuple la force de la loi en hiérarchisant ses dispositions et en les regroupant dans un ensemble exhaustif et cohérent (…). La codification est sans doute la technique la plus caractéristique des droits de la famille romaniste. Loin d'être un simple recueil de règles, le code est un édifice législatif qui se veut le miroir d'une cité harmonieuse. Il est censé fournir au citoyen un manuel lisible auquel il est toujours possible de se référer, et au juge, un guide précieux pour saisir, à travers la disposition des principes et la classification des règles, l'intention législatrice » [31]. L'essentiel du droit français, droit pénal compris, se caractérise bien par l'imposition de la loi, source première et unique, et non-discutable. Ce caractère non-négociable, qui s'impose à l'individu, se trouve tempéré en matière pénale par le principe de personnalisation de la peine présent du prononcé à l'exécution de la peine. Certes, la loi impose présentant un certain caractère injonctif, mais elle le fait en s'adaptant au particularisme de la situation de chaque individu. En cela la démarche qui consiste à partir de la loi, c'est-à-dire de ce qu'il convient de faire dans une société pour respecter le contrat social, est fondamentalement instituante face à des personnes pour lesquelles l'intégration de celle-ci a pu être défaillante. En effet, cette démarche vient leur (re)donner et rappeler les règles du vivre ensemble dont la transmission a fait défaut à un moment donné de leur vie. La loi vient également et surtout les (re)connaitre et (ré)instituer comme membre d'une société dans laquelle elles ont bien souvent le sentiment de ne plus appartenir. En cela, les fonctions de juge de l'application des peines ne sont pas si éloignées de celles de juge des enfants par leur dimension (ré)éducative. D'ailleurs, ce parallèle est mesurable dans les rapports effectués par les conseillers pénitentiaires d'insertion et de probation qui, retraçant souvent avec une grande finesse, le parcours de vie de la personne font état de cette précédente rencontre avec ce magistrat précité en d'autres temps.

C'est à partir et dans la richesse de ce système continental, institué de manière ancestrale et donc constitutif de l'identité juridique française que prend sens la formule de Cesare Beccaria selon laquelle « le *moyen le plus sûr, mais le plus difficile, de lutter contre le crime est de perfectionner l'éducation".* En cela, cette méthode française que l'on peut qualifier d'académique se distingue d'une autre méthode anglo-saxonne plus active. La verticalité constituante française personnalisée se distingue de l'horizontalité unifiante anglo-saxonne généralisante. Au commencement de l'une, se trouve la

31. A. Garapon, I. Papadopoulos, *op. cit.*, p. 50.

loi ; quant au commencement de l'autre, se trouve le cas d'espèce.

Chapitre II. - Le droit de la *common law* : De la sentence, pour l'union pour la société, dans l'horizontalité

Peine d'un côté, sentence de l'autre : chacun des deux systèmes juridiques, de l'ancien et du nouveau continent, vient traduire une réalité et un rapport à l'homme et à la sanction bien différents. Ils sont chacun porteurs de toute une philosophie ayant des implications nombreuses fort différentes. De l'autre côté de l'Atlantique, en droit de *common law* se trouve en effet la sentence. Là encore, la sémantique est ici instructive puisqu'elle montre que la sentence tire son étymologie du latin *sententia* renvoie une opinion, un avis ou un jugement. La sentence est dégagée de toute idée de moralité. « Dans la culture puritaine, la peine est le tarif exact à payer pour la rupture du contrat social par une personne libre et égale aux autres, tandis que dans l'imaginaire catholique la peine est l'initiation du pêcheur à un processus de rédemption ». Dans un tel système juridique le droit criminel se substitue au droit pénal. C'est le droit du crime qui retient toute l'attention ici. Le crime est entendu ici comme objet concret et non comme la traduction d'un jugement de valeur empreint de moralisme. Cette conception qui porte l'empreinte du protestantisme trouve sa traduction dans les expressions juridiques usuelles : audience sur *sentence*, rapport pré ou post-*sententiel*, *sentencing*… « La culture puritaine se réclame donc d'une philosophie dite « rétributiviste », qui met en avant l'idée de la peine comme rétribution légale du crime (…) La *common law* américaine traditionnelle aborde le criminel dans l'abstrait en le considérant comme un homme libre qui, ayant eu le choix, a délibérément choisi de faire le mal et de porter préjudice à autrui. Par conséquent, il doit subir la sanction pénale prévue au préalable ». Par cette acception, c'est aussi toute une conception sous-jacente qui en résulte : la sentence concerne au premier chef le crime. On retrouve ici également les principes du libéralisme politique. La sentence appartient donc à un système de droit de *common law* qui a pour principale caractéristique d'être bâti essentiellement sur le droit jurisprudentiel par opposition au droit codifié. Cette conception du droit anglo-saxon marque donc la prééminence des décisions des tribunaux et de leur jurisprudence. « Au fondement de la Common Law se trouve donc la règle du précédent. Une fois qu'une décision a été prise, la même doit être rendue dans tous les cas d'espèce similaires par toutes les juridictions » [32]. Ce système d'inspiration inquisitoire, fondé sur une justice distributive obéit à un raisonnement de type inductif. Le but est de rétablir un ordre brisé de manière la plus objective possible. Il s'agit d'établir un tableau comptable ou statistique qui reflète comme un tout homogène. Il a pour mission d'assurer une certaine forme de cohérence entre les décisions par un caractère universel de la réponse. C'est implicitement à ce raisonnement que se réfèrent les personnes françaises condamnées lorsqu'elles invoquent une certaine forme d'injustice ressentie à leur endroit. Elles revendiquent que pour des faits similaires ou connus pour être similaires, car la dimension d'interprétation doit toujours conduire à la plus grande prudence, elles considèrent être victimes d'une certaine forme de discrimination. Dans leur raisonnement, cette différence de traitement vécue comme intolérable et injuste se caractérise par une peine initiale jugée plus lourde ou un aménagement de peine refusé là ou d'autres ont bénéficié de conditions jugées plus clémentes. Très concrètement, cette idée se retrouve régulièrement exprimée par l'expression *« je n'ai tout de même pas tué un enfant et j'ai pris plus »* ou *« certains qui ont fait bien pire que moi ont eu un aménagement de peine »*.

L'esprit de la loi issu de la *common law* est différent de celui du droit continental. Sans que cela soit explicité ouvertement, la culture juridique pénale de *Common Law* repose sur une

32. Sur ce point voir l'ouvrage d'Antoine Garapon et Ioannis Papadopoulos, *Juger en Amérique et en France, culture juridique française et common law*, Editions Odile Jacob, 2003.

fonction symbolique du droit bien particulière « système fondamentalement pragmatique et jurisprudentiel, le droit pénal nord-américain part d'abord de l'individu, du cas d'espèce pour lequel il convient de trouver une solution. On s'adapte au réel. Le droit part du terrain, de la réalité humaine dans un mouvement allant du bas vers le haut. Dans un tel système, le mode de raisonnement est de type inductif » [33]. Sur ce point, Alexis de Tocqueville, observant le pouvoir judiciaire américain, relevait déjà que « le second caractère de la puissance judiciaire est de se prononcer sur des cas particuliers et non sur des principes généraux » [34]. Le but est de ramener l'individu à la loi commune (au sens littéral du terme de *common law*) dans un souci d'unification et de cohésion sociale. Il n'est pas gouverné par une volonté de comprendre et s'adapter à la singularité de la situation. L'idée générale qui préside ici tend à unifier les réponses apportées par la justice. Elle vise à tendre vers une égalité arithmétique ou comptable, mais en aucun cas à une égalité à géométrie variable. Avec le raisonnement inductif, c'est en effet l'application d'un tarif normé qui s'exprime. Ce dernier présente certes l'avantage d'être clair, compréhensible de tous, et juste au moins en apparence. Il est également dans une large mesure prévisible en matière d'aménagement de peine comme en matière de prononcé de la peine, il vient lever ou atténuer des interrogations, voire des angoisses entourant le quantum de la peine : ce fameux « *combien ?* ». Cette question que se pose très rapidement le mis en cause en début de procédure française une fois la reconnaissance de l'acte qu'il a commis. Cette question qu'il pose également rapidement à son avocat pour commencer à affiner sa défense. Cette même question qui taraude les jurés d'assises qui, ignorant tout du système judiciaire, se retrouvent par le biais d'un tirage au sort amenés à statuer sur l'avenir d'une personne souvent pour les décennies à

33. I. Dréan-Rivette, « La criminologie : un outil de gouvernance pénale. Approche comparée France-Canada », In Actualité Juridique Pénal (A.J.P), Dalloz, juin 2009, pp. 259-260.
34. A. de Tocqueville, *op. cit.*, p. 159.

venir. Ce raisonnement inductif appliqué en droit français en matière d'aménagement de peine peut ainsi amener à des conclusions rapides consistant à tenir pour acquis l'octroi d'une demande de libération conditionnelle. Parce que par exemple subordonnée à l'existence d'un contrat de travail à durée indéterminée proche d'un lieu d'hébergement stable, critères par définition objectifs, intangibles et donc indiscutables. Dans un tel système tarifé, valable et applicable à tous de manière systématique, la présence de ces deux critères, au demeurant fondamentaux, conduisent en effet quasi inévitablement à un octroi de mesure. Puisque c'est le crime qui est apprécié, et que les conditions ayant présidé à sa commission, sont désormais jugées comme enrayées, rien ne s'oppose à ce que ladite libération soit prononcée. Il en va différemment dans un système gouverné par la personne selon l'application des dispositions précitées du code pénal et code de procédure pénale français. En effet, des interrogations émergeront si dans le cadre de l'instruction du dossier [35] qui s'étend sur 4 mois, le JAP est destinataire d'une multitude de courriers hebdomadaires émanant par exemple de la conjointe du condamné louant sa volonté de réinsertion, mais insistant surtout sur la nécessité impérieuse de faire vivre la famille qui se retrouve plongée dans la plus grande des précarités du fait de l'absence du condamné. De même, le JAP s'interroge s'il est

35. L'instruction d'une demande d'aménagement de peine dure 4 mois. Les dispositions des articles D 49-33 et D 49-36 du code de procédure pénale prévoient en effet qu'à compter de sa saisine le juge de l'application des peines dispose d'un délai de 4 mois pour traiter la requête (pour les décisions de la compétence du JAP). Ce délai est porté à 6 mois pour les décisions relevant de la compétence du Tribunal de l'Application des Peines. Cette dernière juridiction collégiale, composée de 3 JAP, est compétente pour le traitement des mesures d'individualisation des condamnés à de longues peines. En effet, l'enjeu criminologique de la libération de ces condamnés, le caractère médiatiquement sensible de certaines situations justifiait que ces cas échappent à la compétence d'un juge unique.
Ce temps lui permet ainsi de diligenter des actes d'instruction comme des enquêtes de police pour vérifier les conditions dans lesquelles la personne souhaite vivre, mesurer la faisabilité d'une mesure sous placement électronique ou la réalité d'un emploi proposé.

destinataire d'un contrat de travail produit dans les 3 jours avant l'audience ne laissant ainsi qu'un temps infiniment réduit pour procéder aux vérifications d'usage demandées aux services d'enquête contraints d'agir en urgence, et qu'en outre les diligences effectuées in extrémis mettent en avant la réalité de l'emploi proposé qui toutefois s'avère émaner d'un proche. Le JAP s'interroge tout autant si au surplus, l'ensemble de ces éléments se retrouve ensuite partiellement infirmés à l'audience par le positionnement de la personne condamnée. Si en plus le requérant a l'objet de sanction disciplinaire quelques jours auparavant pour violences sur co-détenu, et qu'interrogé sur ses éventuelles fonctions professionnelles n'est pas en mesure de répondre aux questions posées voire les ignore indiquant que l'ensemble des démarches ont été effectuées par des proches, la demande ne pourra pas être accueillie favorablement. La dimension d'engagement personnel, prolongement du principe d'individualisation, ne trouve en effet au vu des éléments de l'espèce partiellement obérés.

De plus, au-delà de la volonté de cohésion et de consensus à intégrer la loi commune, le droit anglo-saxon se caractérise également par un sens du pragmatisme qui ne se retrouve pas avec la même intensité en droit continental. Le pragmatisme vise à trouver une solution concrète à un problème donné permettant de résoudre rapidement le maximum de situations. C'est la manifestation concrète de ce pragmatisme qui trouve à s'exprimer dans cette culture de la négociation, entre le procureur et la partie poursuivie, ce « *plea bargaining* »[36]. Ainsi, par exemple une personne ayant des fonctions professionnelles importantes dans le domaine informatique, poursuivie pour des faits d'agression sexuelle et de détention d'images pédo pornographique peut tout à fait « négocier » avec le procureur une peine moindre en proposant « son

36. Le *plea bargaining* se traduit littéralement par la négociation de la peine. Il s'agit d'un particularisme anglo-saxon consistant en une sorte de compromis entre le Procureur et la personne poursuivie. En échange de la reconnaissance de culpabilité de l'un, l'autre s'engage à requérir une peine moindre.

expérience professionnelle » auprès des services de police en charge de lutte contre la criminalité sur internet. Cet aspect fondamentalement pragmatique et considéré comme « normal » d'un côté de l'Atlantique, peut paraître à bien des égards « choquant » d'un point de vue éthique de l'autre côté.

Selon que l'on se situe sur le registre de la peine ou de la sentence, c'est-à-dire à partir de la personne ou de l'acte, la perspective d'appréhension de l'avenir dans le cadre de l'octroi ou du rejet d'une mesure d'aménagement de peine n'est pas la même. L'une sera gouvernée par le sens accordé à la peine par la personne dans le cadre d'une démarche et d'un investissement mesurables à des éléments certes objectifs (comme l'investissement dans des soins, la recherche active d'un lieu d'accueil, un travail…) mais il sera également apprécié à l'aune d'un comportement et positionnement personnel. L'opération de qualification juridique visera à statuer sur les deux domaines précités. L'autre démarche sera plus gouvernée par la notion d'équité selon une logique comptable, égalitaire et arithmétique l'idée n'est pas tant de faire prévaloir un système sur un autre : chacun d'eux présente des avantages et inconvénients. L'un est soumis à des appréciations et interprétations qui, en dépit des critères légaux énoncés par la norme peuvent par l'interprétation qu'ils permettent paraître comme trop emprunts de subjectivité et donc d'insécurité, voire d'injustice. Cet état de fait se retrouve mis en application dans le cadre d'une procédure d'appel ou une décision parfois très différente peut être retenue par la juridiction de deuxième degré [37]. Le second en apparence plus objectif présente également des limites en ce que l'activité humaine, a fortiori en matière de passage à l'acte criminel ou délictuel, est

37. Même s'il doit être relevé qu'eu égard aux délais de traitement des demandes d'appel parfois fort longues la situation de la personne détenue est amené à évoluer, la vie poursuivant son cours, de sorte que la juridiction de second degré est souvent amenée à prendre en considération des éléments qui ne sont pas rigoureusement identiques à ceux ayant présidé à la première décision.

difficilement réductible à des éléments strictement et exclusivement objectifs. L'idée est de prendre conscience des caractéristiques et particularités d'un système juridique, qui trouvent leurs existences dans des fondements paradigmatiques qui lui sont propres parce qu'ils résultent de constructions historiques, de choix politiques, de conception philosophique, d'environnement culturel… et qu'en conséquence il est vain de vouloir calquer des effets sur des causes différentes. Partant de ce constat, l'idée n'est peut-être pas d'opposer deux systèmes différents, pas plus que de vouloir substituer l'un à l'autre, mais de concilier les avantages de chacun d'eux à partir et dans le respect de ce qui le constitue. Il ne s'agit pas d'opposer le légalisme au pragmatisme.

Chapitre III. - La question de la criminologie : De l'alliance de la verticalité et de l'horizontalité ?

L'exercice consistant à traiter de la criminalité et du traitement qui lui est réservé dans les deux systèmes de droit occidentaux semble difficile à mener sans élargir la réflexion à la criminologie. La question de la place, ou non-place en l'espèce, de cette discipline toujours absente à ce jour en France doit en effet y être intégrée. Parce que penser la criminalité et son traitement sans réfléchir à la science même du crime serait se priver d'une partie conséquente de la réflexion. D'ailleurs comment expliquer la persistance d'une telle absence ?

La question est peut-être autre : comment la criminologie, par essence pluridisciplinaire, peut-elle prendre sens dans un système culturel et juridique moniste ? N'y a-t-il pas en effet opposition entre les représentations centralisées et verticales qui ont trouvé leur traduction normative dans la codification et la pluralité intrinsèque de la criminologie ? Il s'agit d'autant d'oppositions qui se retrouvaient déjà en substance en 2009 sous la plume du Professeur Loïck-M. Villerbu, qui fut

Président de la Conférence Nationale de Criminologie (CNC) [38] lorsqu'il précisait : « Non seulement la notion de criminologie, mais ses contenus hétérogènes, protéiformes, obéissant parfois de très loin aux modélisations standards, font problème, tant les entrées sont diverses, les singularités polémiques et les fractures historiques fracassantes » [39]. Sur ce point, il convient de souligner que « la criminologie par sa dimension plurielle trouve un terrain plus favorable d'existence et d'expression dans le monde anglo-saxon. Parce que « sans que cela soit explicité ouvertement, la culture juridique pénale de *Common Law* repose sur une fonction symbolique du droit bien particulière. Caractérisé par un pluralisme horizontal, Mirjan Damaska [40] parle de modèle coordonné, le droit pénal anglo-saxon part du réel en faisant avec une diversité d'intervenants ». Cette culture juridique pénale plurielle trouve donc dans la criminologie, si ce n'est un prolongement, au moins une cohérence. D'approche transdisciplinaire par définition, la criminologie ne vient en effet pas heurter les représentations culturelles plurielles contenues implicitement dans les fondements politiques (...) et, par extension, les fondements du système juridique pénal » [41].

Toutefois, à ce stade, l'intérêt réside ici moins à résoudre les questions précitées qu'à poser les termes du débat pour que celui-ci gagne en lisibilité et le traitement de la criminalité en efficience. En effet, il ne s'agit nullement de disconvenir sur ce qui constitue l'essence même du système juridique français à

38. Cette instance fut créée le 23 septembre 2009 par Mme Valérie Pécresse alors Ministre de l'enseignement supérieur et de la recherche. Elle remettait ses travaux en juin 2010 pour faire naitre la discipline en France en mars 2012 par la création d'une section universitaire au sein du Conseil National du même nom (CNU).

39. L. M. Villerbu, « Penser une formation en criminologie en France, résistances et perspectives », *in Actualité Juridique Pénal* (*a.j.p*), Dalloz, juin 2009, pp. 255-258.

40. M. R. Damaska, The Faces of Justice and State Authority. A Comparative Approach to the Legal Process, New Haven, Yale University Press, 1986.

41. I. Dréan-Rivette, De la criminologie en Amérique, op.cit., p.24 et s.

savoir sa verticalité ; mais de réaliser que ce dernier confronté au même titre que les pays occidentaux à la menace criminelle ne peut se priver de cette dimension plurielle. Dit en d'autres termes, à la dimension verticale unique constitutive du système juridique a peut-être intérêt à s'y adjoindre la dimension horizontale plurielle de la criminologie. Il semble, en effet, difficile par ces temps d'agressions multiples de faire l'économie d'une réflexion globale sur le crime pour en avoir la vision la plus large possible. Dans un tel contexte, la criminologie par les larges spectres d'analyse qu'elle propose (analyse des facteurs criminogènes, socio criminologie, psycho criminologie, victimologie, pénologie, la criminologie biologique, criminologie de l'intervention et des situations de crise…) constitue un outil complémentaire précieux. L'objet du débat à (re)venir ne doit peut-être pas se poser en terme d'oppositions, mais des collaborations. Il s'agit ici de toute la question de l'alliance de la verticalité et de l'horizontalité dans le respect de l'identité propre française [42]. Dit autrement, c'est s'interroger sur l'opportunité efficiente de réunir des forces conjointes au service du traitement de la criminalité : la question reste ouverte.

---

42. Sur ce point, il est intéressant de relever les propos de M. Alain Blanc, Président de l'Association Française de Criminologie qui sur « la nécessité du développement d'une véritable culture criminologique en France, in Alain Blanc, « Les longues peines, au risque de l'oubli », Revue de Sciences Criminelles 2016. 47

II

DE LA DIMENSION POLITIQUE LA CRIMINALITE

La France connaît actuellement de profondes mutations dans son identité politique qui se caractérise par un changement de paradigme en cours, traduisant une volonté émergente d'émancipation du clivage de pensée classique droite gauche. Ce changement, en marche, qui a trouvé à s'exprimer lors des dernières élections présidentielles, emporte des implications sur le champ pénalité. Il n'est nullement contestable qu'une ère nouvelle s'ouvre. La dernière période électorale a révélé au grand jour un processus jusque-là latent : celui de l'effondrement des grands partis politiques qui structuraient le paysage politique français depuis des siècles. Sur ce point, l'historien et sociologue, Professeur au Collège de France, Pierre Rosenvallon évoque l'indiscutable *« basculement historique dans la structuration de la vie politique française »* [43]. Cette période de profondes mutations amène à revisiter les enjeux fondamentaux contenus dans l'action politique. Elle convoque, avec une grande acuité, une interrogation sur l'essentiel : à savoir le rôle et la finalité de l'art de gouverner. Cette période interroge la notion de

---

43. Le Monde, Edition de l'article intitulé « Pierre Rosanvallon : « L'élection de Macron redéfinit le clivage droite-gauche ».

responsabilité du pouvoir tout comme le sens qui doit être donné à l'engagement politique. Ces mutations en cours emportent des modifications sur les représentations du monde et des rôles assignés à l'Etat ainsi qu'aux individus. Elles interrogent les notions d'Etat social français, son rôle et ses fonctions dans un monde désormais libéral, ainsi que la responsabilité qui lui est attribué au même titre que celle incombant aux individus composant la société. Ces modifications, ont bien évidemment leurs déclinaisons en matière de représentation de l'acte criminel et donc de politique pénale. Cette métamorphose structurelle nationale n'est toutefois pas seule. Elle doit, en outre, s'analyser conjointement à une seconde de type conjoncturel et de portée internationale. Penser et réfléchir sur la pénalité aujourd'hui ne peut, en effet, exclure cette seconde dimension elle aussi en mouvement. Ce sont ici les effets du terrorisme et les influences en chaîne produites qu'il s'agit ici de mettre en évidence. Toutefois, ces déplacements doivent s'apprécier à la lumière des fondamentaux culturels et historiques de la France qui reposent sur des antécédents encore bien présents à l'esprit et qui gouvernent l'inconscient politique collectif comme autant de repères. A ce titre, les drames humains, réactivés par les différentes actions terroristes ont ceci de particulier, qu'ils obligent à se reconcentrer sur soi-même et aller à notre essentiel. Aussi, en posant la grande question des libertés publiques et celle de l'Etat d'urgence, ils convoquent, une réflexion sur le sens que l'on souhaite donner à la démocratie aujourd'hui. Ces mêmes évènements amènent également à revisiter les fondements mêmes de notre philosophie politique. Parce que c'est bien de cela dont il s'agit ici. Aussi, convoqué pour répondre à ces interpellations multiples, le Conseil Constitutionnel par ses décisions, est venu comme garant de l'histoire, rappeler ce qui avec le temps a pu être oublié ou avec lequel la vie et son flot continu de sollicitations ont fait perdre de vue : à savoir l'esprit de ce qui anime les principes fondamentaux français. C'est en effet de la prise en compte des changements de paradigmes nationaux et internationaux, et de la façon selon laquelle, ceux-ci se structurent, s'organisent, et se mettent en mouvement, que peut émerger une pensée nouvelle autour de la pénalité. Parce que la dimension politique est essentielle, en ce qu'elle constitue le cap à suivre : la ligne directrice à poursuivre pour permettre la réalisation de ce « vivre ensemble », pour que chacun trouve sa place dans la « *cité* », au sens étymologique du terme *(polis).* Elle donne le sens, la direction.

Elle est en outre porteuse de sens, synonyme de signification. Elle recèle en effet le contenu conceptuel, la vision de ce que l'on souhaite donner à la peine dans le cadre d'une politique publique nationale dans un monde qui bouge. Elle comprend également la façon selon laquelle on souhaite y parvenir, c'est-à-dire à partir des outils et méthodes nouveaux qui se sont imposés et avec lesquels il convient de faire mais, à partir et dans le respect, de ce que nous sommes.

Si l'axiome normatif contient et constitue le point de départ à partir duquel une certaine vision de la peine et de l'homme s'établit, la philosophie politique quant à elle renvoie au but vers lequel on tend, à savoir le retour dans la cité. La peine et son sujet n'ont en effet d'autre but que de permettre le rétablissement d'un vivre ensemble dans la société. Ainsi, il est constant de rappeler que le monde occidental est traversé et influencé par deux modèles philosophiques différents : le libéralisme politique qui postule, comme son nom l'indique, l'idée selon laquelle l'homme se meut dans une totale liberté de penser et d'actes pour lesquels il assume en contre-partie la responsabilité. Appliqué au droit pénal cet homme entièrement libre de son consentement, est censé avoir fait le choix à un moment donné de rompre consciemment le contrat social et doit en conséquence en assumer les effets. Cette philosophie se distingue de celle plus sociale, contenant en germe l'idée que l'homme subit un certain nombre de circonstances indépendantes de sa volonté, avec lesquels il a du mal à composer et qu'à ce titre, il convient à l'Etat d'intervenir par le truchement du juge pour l'accompagner dans ce processus de (re)socialisation. Dans un tel contexte, notamment français marqué du sceau du clivage politique du moins, jusqu'aux dernières échéances électorales, il n'était pas très surprenant que la discipline criminologique ait eu du mal à émerger et prendre sens. Celle-ci étant selon le schéma de pensée binaire systématiquement rattachée et prisonnière d'une idéologie de droite ou de gauche. Toutefois, les grands bouleversements connus en termes de représentations politiques de ces derniers mois avec notamment la dimension sociale libérale qui semble émerger en ce début de quinquennat, ne permettraient-ils pas de repenser l'apport que pourrait être celui de cette science, analyse du crime, en France ? La question reste posée.

Chapitre I. - Éléments de politique structurelle : Du sens de l'action gouvernementale au sens de la peine, une mutation en cours alliant gauche et droite.

Le clivage français gauche/droite trouve ses racines dans l'histoire. C'est à partir de lui que tout se comprend et s'explique : pays de la Révolution Française, de l'affirmation des droits de l'homme et d'une conception ancestrale de l'Etat. Cet Etat qui par définition se veut social. Cette représentation du monde politique, interroge beaucoup l'observateur étranger, notamment nord-américain qui a du mal à en saisir le sens fondamentalement différent de celui auquel il est habitué [44]. Dans un tel système, les représentations et appartenances politiques ne peuvent qu'être binaires : de droite ou de gauche à la lumière de la partie occupée dans l'hémicycle. Illustrant les conditions révolutionnaires ayant présidé à leur existence on est

---

44. En effet « d'inspiration centralisée, le système français obéit à un principe d'unicité. Ce monisme a ses origines dans des fondements historiques et politiques. (…) Le système politique français tend à l'affirmation d'un pouvoir central unique. Cette conception, emprunte de jacobinisme, qui renvoie à une conception très centralisatrice du pouvoir politique, se distingue de ce qui existe dans les pays fédéralistes comme le Canada, qui ont fait de fortes dévolutions de pouvoir aux entités régionales ou locales. Une conception à la fois moniste et verticale se substitue ici à une conception pluraliste et horizontale. Ces éléments de culture politique ont été de nature à influencer la culture juridique française ». Sur ce point, cette caractéristique majeure de centralisation n'est pas sans rappeler l'architecture du système normatif français précité incarné par le droit continental.

jacobin c'est-à-dire les tenants d'un gouvernement centralisé, ou girondin, c'est-à-dire partisan d'un gouvernement fédéral. Ce monde de pensée intériorisé, cet habitus, avec toute sa dimension d'historicité, ne fait toutefois sens que pour des Français. Ces derniers, sans sûrement en avoir conscience pour la majorité d'entre eux, utilisent cette dyarchie pour se repérer à l'intérieur de l'espace politique. C'est ce qu'exprime Régis Debray en relevant *« je doute fort que le clivage gauche-droite disparaisse. Il fait partie du mobilier national »* [45]. Cette conception sociale française se distingue, pour ne pas dire s'oppose, à celle inspirée par le libéralisme politique mondial, désormais omniprésent. Il est, en effet, utile de rappeler comme le souligne Pierre Rosenvallon *« qu'il ne faut pas oublier que le mot socialisme a été inventé par Pierre Leroux [1797-1871] pour faire pendant à celui d'individualisme* » [46] traduisant ainsi une forme de posture antilibéraliste. Cette posture est peut-être d'autant plus importante que le libéralisme politique qui gouverne désormais le monde globalisé est lui-même souvent occulté par le libéralisme économique. Aussi, en France, pays des droits de l'homme [47], y a-t-il une collusion frontale qui oppose la conception sociale française à la conception libérale mondiale, laquelle trouve ses racines dans le modèle anglo-saxon.

La révolution, opérée par les dernières élections, qui traduit une nouvelle ligne de pensée politique actuelle a consisté à avoir compris cet antagonisme substantiel (socialisme versus libéralisme politique) et à l'avoir nommé dans un premier temps. Elle a ensuite consisté à dépasser ces clivages, dans le

---

45. Le Monde, Edition du 2 mai 2017, Régis Debray : « Le clivage gauche-droite fait partie du mobilier national ».
46. *Op. cit.*
47. Il doit ici être fait magistralement référence à ce qui constitue ontologiquement et singulièrement le droit français, pays des Droits de l'Homme : à savoir l'ensemble des droits fondamentaux au premier rang desquels se trouvent la Déclaration des droits de l'Homme et du citoyen de 1789, le Préambule de la Constitution de 1946, le Préambule de la Constitution de 1958, la Convention Européenne de Sauvegarde des droits de l'Homme et des libertés fondamentales (CEDH).

respect et à partir des fondamentaux français, pour procéder à une réconciliation de ces tendances opposées dans un second temps. Sur ce point, l'historien de la pensée politique, chercheur au Centre National de Recherche_Scientifique (CNRS) et Cevipof (Centre de Recherches Politiques de Sciences Po), Lucien Jaume relève qu'il s'agit en l'espèce de *« l'expression d'un tournant historique par rapport à la tradition française, peu portée à une vision libérale de la société et de l'individu. On a longtemps considéré que l'État était le gardien et le contrôleur de l'intérêt général, tandis que l'individu pouvait représenter un risque d'anémie sociale et d'anarchie morale »* [48]. Il a, en effet, été pris acte du fait que l'intérêt général se construit désormais dans la prise de parole, la comparaison et la compétition, l'Etat intervenant en tiers parti. L'individualisation des parcours doit être accompagnée, mais non prédéterminée.

Cela a pris la forme du « Social Libéralisme à la française ». C'est-à-dire que la dimension sociale renvoie à la conception première de l'Etat centralisateur, interventionniste, égalitaire et progressiste. En cela, elle se rapproche d'idées de « gauche » et rejoint les grands textes fondamentaux ayant présidé à la constitution de la France. La dimension libérale renvoie quant à elle, au moyen de s'adapter au monde global actuel, individualiste, et source de responsabilités. En cela, elle se rapproche des idées de « droite » et rejoint les grands principes gouvernant la mondialisation. Pierre-Cyrille Hautcœur, historien et Directeur d'études à l'École des Hautes Études en Sciences Sociales (EHESS) [49] évoque *« un libéralisme réunissant de nouveau sa dimension économique (traditionnellement de droite) et sa dimension politico-sociale (historiquement de gauche*) ». Ce faisant, comme le note Pierre Rosenvallon c'est *« l'émergence d'une nouvelle façon qu'a la*

48. Le Monde Idées, Edition du 13 mai 2017, Lucien Jaume « Le libéralisme de Macron est à rebours de la tradition française »
49. Le Monde Economie, Edition du 22 juin 2017, Pierre-Cyrille Hautcoeur, « Emmanuel Macron pourrait être l'homme de l'"Enrichissement" »

société française de se représenter elle-même » [50]. En d'autres termes, il est proposé « la redécouverte de cette très riche tradition (libérale) qui pourrait nous être d'une immense utilité pour affronter intellectuellement les défis majeurs de notre époque » [51]. Avec le Social Libéralisme qui émerge en France, c'est donc toute une conception politique ancestrale qui se trouve revisitée pour s'adapter au monde moderne. Toutefois et c'est ce qui est intéressant, la particularité de cette adaptation politique moderne semble prendre la forme de l'affirmation d'une singularité respectueuse de la tradition française, car opérée à partir de ses fondamentaux culturels. Il apparaît, en effet, que c'est bien une mutation identitaire politique qui s'opère. Et cette distinction est majeure, car elle permet de faire sens, puisqu'elle trouve son fondement dans des racines et un terreau d'identités (sociales) connue de tous en France. Ce faisant, elle contribue à la redéfinition d'un socle commun fédérateur « à la française ». Cette démarche est, en effet, fondamentalement différente d'un simple processus de mimétisme qui aurait consisté à plaquer voire imposer le modèle libéral. C'est en fait un véritable processus d'émancipation, et d'individualisation qui est en train de s'opérer à partir d'une identité politique propre, en mouvement. Cette identité politique renouvelée définissant une direction nouvelle aura inévitablement des déclinaisons dans une identité pénale, elle aussi revisitée. Avec le Social Libéralisme, une nouvelle philosophie politique se dessine. Ce nouveau sens, emportera avec lui de fait une nouvelle politique pénale. Sur ce point, le terme d'individualisation n'est pas sans faire écho avec le droit pénal français qui repose précisément sur ce principe

---

50. *Op. cit.*

51. Parce que c'est bien en effet d'une relecture dont il s'agit. Comme l'indique justement l'historien spécialiste du libéralisme Jérôme Perrier il convient de ne pas *« oublier que la France, patrie du colbertisme et du jacobinisme, est également le berceau de l'une des plus riches traditions libérales. En effet, bien que l'immense majorité de nos contemporains semblent l'avoir complètement oublié, aux XVIIIème et XIXème siècles, notre patrie a vu naitre et se développer une école libérale d'une impressionnante fertilité, qui aujourd'hui encore est activement étudiée partout ailleurs dans le monde »*.

général affirmé, lui aussi, depuis des siècles par Saleilles. C'est, en effet, un sens nouveau qui peut émerger pour la peine, mais, à l'image de la mutation politique en cours, dans le respect de ce qu'elle est, c'est-à-dire sociale et humaine. L'individualisation politique en cours imprimera son empreinte sur le principe et l'application du processus d'individuation des peines.

En effet, les représentations politiques du monde qui assignent des rôles précis à l'État et aux individus [52] ont leurs déclinaisons en matière pénale. Là où pour les tenants d'une vision sociale le crime se caractérise par un acte venant rompre l'ordre établi devant trouver une réponse pénale axée sur la resocialisation de son auteur ; les tenants d'une vision plus libérale voient dans le crime la manifestation concrète du libre-arbitre d'un individu ayant fait le choix volontaire d'enfreindre les lois de la cité nécessitant par conséquent une réponse ferme et répressive. Très rapidement résumé, le libertaire s'oppose au sécuritaire. Sur ce point, il est à relever que cette opposition prend un sens encore plus important en période de menace terroriste. Dès lors les clivages politiques gauche-droite trouvent à s'exprimer dans le cadre d'actions pénales gouvernementales ciblées : peines planchers d'un côté, contrainte pénale de l'autre…L'accent étant alternativement mis tantôt sur la répression, tantôt sur la réinsertion. Sur ce point, pour un parallélisme des formes avec les principes politiques, il convient de rappeler les principes fondamentaux du droit pénal français. A ce titre, les bases se retrouvent dans les écrits de Cesare Beccaria exposés en 1764 dans son ouvrage intitulé Des Délits et des Peines. Ce texte fondateur qui est inscrit dans la Déclaration des Droits de l'Homme et du Citoyen de 1789 dans son article 8 reprend cette idée forte qui gouverne encore à ce jour le droit pénal actuel à savoir que « la Loi ne

52. Ainsi, l'Etat social interventionniste régulant par ses actions la vie publique, animé d'une volonté de protection et d'égalité sociale entre les individus se distingue-t-il de celui d'approche plus libéral prônant comme son nom l'indique la liberté en valeur phare et son corollaire la responsabilité individuelle et revendiquant la limitation du pouvoir souverain.

doit établir que des peines strictement et évidemment nécessaires » ; « nul ne peut être puni qu'en vertu d'une Loi établie et promulguée antérieurement au délit, et légalement appliquée ». Ce sont les mêmes principes qui sont repris et développés par Raymond Saleilles en 1898 dans son ouvrage De l'individualisation de la peine dans lequel il invite à faire une place importante au juge pour moduler la peine à prononcer. C'est ce principe d'individualisation, repris et inscrit dans le code pénal à l'article 132-1, qui rappelle au juge au stade du prononcé de la sanction que « toute peine prononcée par la juridiction doit être individualisée. Dans les limites fixées par la loi, la juridiction détermine la nature, le quantum et le régime des peines prononcées en fonction des circonstances de l'infraction et de la personnalité de son auteur ainsi que de sa situation matérielle, familiale et sociale ». C'est enfin ce même principe d'individualisation qui s'impose au juge de l'application des peines dans le cadre d'une demande d'aménagement, principe énoncé en son l'article 707 alinéa 2 qui dispose que « le régime d'exécution des peines privatives et restrictives de liberté vise à préparer l'insertion ou la réinsertion de la personne condamnée afin de lui permettre d'agir en personne responsable, respectueuse des règles et des intérêts de la société et d'éviter la commission de nouvelles infractions. Ce régime est adapté au fur et à mesure de l'exécution de la peine, en fonction de l'évolution de la personnalité et de la situation matérielle, familiale et sociale de la personne condamnée, qui font l'objet d'évaluations régulières ». L'application de la loi se fait bien en fonction de critères tout à fait individuels attachés à la singularité du parcours de vie de la personne détenue.

Ces principes de droit pénal français se trouvent aujourd'hui influencé par le droit pénal anglo-saxon par des incursions progressives. Ce dernier inscrit en effet progressivement son empreinte dans les pratiques juridiques mondiales. Il vient en effet de manière insidieuse s'imposer, transformer, modifier, influencer le droit des pays qui n'obéissent pas aux mêmes principes fondamentaux. Dans la guerre des droits ou des systèmes normatifs, force est de constater que la *common law* a la part belle s'imposant progressivement à tous dans les modes de règlement des conflits internationalisés. Parce que plus rapide, plus flexible elle permet par le consensus et la négociation de lier et délier des rapports juridiques pour une efficience immédiate. Toutefois, il convient de rester prudent d'une part quant à l'usage qu'il en est fait car celui-ci peut à certains égards donné lieu à des réceptions source de d'incompréhensions, de méprises voire de frustrations. En effet, l'efficience apparente dans un premier temps peut sur le long terme se révéler néfaste ultérieurement. Il convient ensuite de s'interroger sur les domaines pour lesquels il convient de l'utiliser. Portant en elle l'esprit du contrat, c'est-à-dire d'une relation entre deux parties au consentement libre et éclairé, elle présuppose que les deux intervenants nourrissent entre eux une relation égalitaire, même s'ils sont animés chacun d'un intérêt (économique) différent. Sur ce dernier point il convient d'avoir la plus grande prudence dans la mesure ces postulats ne sont adaptables et ne s'adressent qu'à certains types de contentieux comme le droit des affaires, le droit international, le droit du travail. Ceci est beaucoup moins applicable au droit pénal [53].

L'exemple nous est fourni ici de voir l'influence grandissante de la *common law* en droit pénal international par la pratique dite de *« compliance »* observable en droit pénal des affaires. Elle concerne la corruption [54], le blanchissement, l'évasion fiscale et plus largement le contournement des

53. Il ne s'agit nullement d'une critique adressée au système de *common law* manifestement le plus adapté dans un monde global obéissant désormais aux lois du libéralisme économique. Il s'agit ici de proposer une description d'un phénomène existant pour l'éclairer. Ce n'est pas tant la différence qui doit ici être mise en avant que le caractère non-dit de ce processus en cours qui peut à bien des égards faire perdre de vue le cap à suivre dans cette guerre des droits.

54. Ces dispositions ont trouvé à s'appliquer dans le cadre de la Loi dite « SAPIN 2 » relative à la transparence, la lutte contre la corruption et la modernisation de la vie économique. Elle est présentée comme ayant l'ambition de porter la législation française aux meilleurs standards européens et internationaux en matière de lutte contre la corruption, et contribuer ainsi à une image positive de la France à l'international. Le projet de loi a été adopté par le Parlement le 8 novembre 2016, puis validée définitivement par le Conseil constitutionnel le 8 décembre 2016. https://www.economie.gouv.fr

sanctions internationales [55]. L'auteur précité expose la façon selon laquelle « les entreprises du monde entier sont confrontées à une pratique inédite de la part des autorités américaines telles que les agences de régulations ou les procureurs des Etats. Celle qui consiste, dès le début d'une suspicion de fraude pesant à leur encontre, à leur proposer un choix : coopérer ou s'opposer. Si elles s'opposent, s'ouvre à elles une longue, fastidieuse et destructrice période judiciaire faite d'attentes aux conséquences délétères multiples « procès à rallonges, mises en causes personnelles, pénalités astronomiques et, plus grave encore, préjudice porté à la réputation de l'entreprise ». Si elles consentent alors *« elles acceptent de faire réaliser une enquête interne approfondie à leurs frais, à en communiquer les résultats aux autorités compétentes puis à s'acquitter d'une amende négociée »* [56]. L'auteur explique la façon selon laquelle cette pratique, qui se généralise depuis quelques années, est de nature à générer le trouble et peut être source de rancœur. Des rapprochements peuvent ici être faits avec le droit de l'application des peines. Parce que la pratique précitée n'est pas très éloignée de l'esprit gouvernant la procédure initiée par la loi du 15 août 2014 mettant en œuvre la CAP-LSC. Cette mesure ne rencontre pas un franc succès sur le territoire national comme le relèvent les chiffres officiels [57]. Au-delà de sa particularité relevant de l'oxymore (libération versus contrainte) cette nouvelle procédure pénale contient à bien des égards ce même implicite relevant d'une forme de servitude volontaire. Elle contraint, sous couvert de vouloir agir vite et d'être efficace pour répondre aux exigences légales que sont les « conditions matérielles de détention et du taux d'occupation de l'établissement pénitentiaire » selon l'expression consacrée par les dispositions de l'article 707 du code de procédure pénale. Concrètement pour mettre en œuvre cette nouvelle procédure

---

55. A. Garapon, P. Servan-Schreiber, Deals de justice, le marché américain de l'obéissance mondialisée, PUF, 2015.
56. *Op. cit*, p. 5.
57. Sur ce point voir *Supra*.

visée aux termes de l'article 720 du code de procédure pénale [58] le JAP doit faire procéder préalablement au recueil du consentement de la personne détenue par écrit avant de rendre son ordonnance d'octroi ou de rejet. De la même manière, en cas de refus de consentement, il rendra une ordonnance de non-lieu. Ce préalable est important : il renvoie à des notions de droit des obligations et singulièrement à la notion de consentement. Élément fondamental dégagé par la doctrine de l'autonomie de la volonté : il est ce qui oblige la partie et qui la rend débitrice d'une obligation en l'espèce, celle « d'agir en personne responsable, respectueuse des règles et des intérêts de la société et d'éviter la commission de nouvelles infractions » selon l'expression contenue dans l'article 707 précité. C'est l'apparence de la négociation contractuelle sans la possibilité de celle-ci. C'est surtout une confusion qui s'installe dans l'esprit de la personne détenue car ce qui est présenté comme un accord donné de sa part (pour que sa situation soit examinée de manière automatique aux 2/3 de peine) se traduit bien souvent dans son esprit comme l'octroi automatique de la mesure sollicitée. Ceci explique les incompréhensions par exemple au rejet d'une demande formulée. Les règles du « contrat » ne sont pas précises ; elles sont surtout inégales. Elles sont également particulièrement non adaptées à la situation pénale par

58. Lequel article 720 dispose que « lorsque la durée de la peine accomplie est au moins égale au double de la durée de la peine restant à subir, la situation de la personne condamnée exécutant une ou plusieurs peines privatives de liberté d'une durée totale inférieure ou égale à cinq ans est examinée par le juge de l'application des peines. A l'issue de cet examen en commission de l'application des peines, le juge de l'application des peines décide, par ordonnance motivée, soit de prononcer une mesure de libération sous contrainte, dans le respect des exigences prévues à l'article 707, soit, s'il estime qu'une telle mesure n'est pas possible ou si la personne condamnée n'a pas fait préalablement connaitre son accord, de ne pas la prononcer. Il peut ordonner la comparution de la personne condamnée devant la commission de l'application des peines afin d'entendre ses observations et, le cas échéant, celles de son avocat. Ce dernier peut également transmettre des observations écrites au juge de l'application des peines. La libération sous contrainte entraîne l'exécution du reliquat de peine sous le régime, selon la décision prise par le juge de l'application des peines, de la semi-liberté, du placement à l'extérieur, du placement sous surveillance électronique ou de la libération conditionnelle ».

définition. Sans compter qu'il n'est aucunement précisé que cet « aménagement de peine » qui n'en n'est pas un, est tout de même subordonné à l'existence de critères (implicites) : rien ne sera possible, aucune sortie n'aura lieu en cas de dangerosité majeure avérée, d'incidents multiples, ou d'une demande de placement sous surveillance électronique sollicitée sans justificatif de lieu précis ou d'accord d'un éventuel hébergeant. En effet, sur ce point le texte est clair, reprenant en cela les dispositions fondamentales du Code de procédure pénale et singulièrement cet article fondateur précité « lorsque la durée de la peine accomplie est au moins égale au double de la durée de la peine restant à subir, la situation de la personne condamnée exécutant une ou plusieurs peines privatives de liberté d'une durée totale inférieure ou égale à cinq ans est examinée par le juge de l'application des peines. A l'issue de cet examen en commission de l'application des peines, le juge de l'application des peines décide, par ordonnance motivée, soit de prononcer une mesure de libération sous contrainte, dans le respect des exigences prévues à l'article 707 ». Dans l'hypothèse où ce caractère automatique de l'examen de la situation de la personne détenue viendrait à s'étendre, il serait important d'adapter la procédure « à la française » pour dire et ainsi rendre lisibles, les conditions d'un retour à la liberté dans la cité dans le respect des principes fondamentaux et procéduraux français.

A défaut de cette réflexion et adaptation aux fondamentaux français, c'est le sens de la peine qui s'en trouve altéré et ce, pour tous les acteurs. La personne détenue bien évidemment, mais également l'ensemble des intervenants institutionnels qui se trouvent mobilisés par la procédure. En effet, il s'agit de prendre en compte que les rôles des CAP-LSC sont préparés et relèvent de la compétence des membres du greffe pénitentiaire. Le recueil du consentement est effectué quant à lui, par les conseillers pénitentiaires d'insertion et de probation qui y adjoignent un rapport. L'avis du chef d'établissement est sollicité au même titre que les réquisitions du représentant du ministère public. Les observations écrites d'un avocat peuvent y être adjointes si la personne en a formulé le souhait. Enfin, une fois l'ordonnance (d'octroi, de rejet ou de non-lieu) rédigée par le JAP, celle-ci doit être notifiée par le greffier du service de l'application des peines. A ce jour, les chiffres sont clairs, se sont à peine 10% des demandes qui aboutissent. Cet état de fait contribue à expliquer en partie l'absence de sens autour de cette mesure pour les personnes détenues et les professionnels concernés.

Parce que ce n'est pas seulement dans un instant fixé de manière automatique, bref, écrit et répondant à des exigences de rationalisation et d'efficacité (gouverné par des taux d'occupation des établissements pénitentiaires) que s'exprime en France le principe d'individualisation de la peine et avec lui le sens de celle-ci. Parce que ce n'est pas plus à la lumière de tendances idéologiques « de gauche » ou de « droite » que doit s'apprécier ce principe, mais dans la réunion des deux. Parce que ce principe est la traduction de représentations ancestrales constitutives de l'identité française, il obéit également à un fonctionnement centralisé autour de la personne du juge de manière quotidienne dans chacun des évènements de la vie carcérale, et ce, en dehors même de toute demande d'aménagement de peine. Ce principe d'individualisation est, en effet, incarné chaque jour par le JAP. Ce principe d'individualisation qui donne vie au sens de la peine s'exprime ainsi dans le cadre d'une demande urgente de permission de sortir pour se rendre auprès de son épouse en train d'accoucher et qui par la même occasion ouvre une négociation par personne interposée (par le truchement du conseiller pénitentiaire d'insertion et de probation) auprès du directeur de la maternité opposé à recevoir ce jeune père compte tenu de sa situation carcérale. Ce principe se retrouve en dehors du cabinet du JAP, qui de permanence de comparution immédiate se voit appartenir de fait à la composition du tribunal correctionnel amené à juger des faits graves de violence commis sur un surveillant. Situation d'autant plus intéressante, qu'amener à s'exprimer dans le cadre de cette audience le prévenu interrogé sur son parcours d'aménagement de peine, peut développer une argumentation tout à fait personnelle de celui-ci ou à tout le moins fort distinct des éléments objectifs présents dans son dossier. Ce principe trouve à s'exprimer également lors de l'effervescence régnant au sein du centre de détention le jour de l'arrivée d'un détenu « escorte 3 » en urgence, suite à son transfèrement pour motif disciplinaire, après un tour de France pénitentiaire. Le même détenu à propos duquel le JAP sera amené quelques semaines après son arrivée à donner son avis consultatif à la Direction Interrégionale Pénitentiaire pour procéder à son transfert dans un autre établissement. C'est également le détenu artiste confirmé qui sollicite une permission de sortir pour l'organisation du vernissage de son exposition et qui dans le cadre d'un débat contradictoire sera amené à présenter ses œuvres. C'est le très jeune détenu de 19 ans, au passé fait de multiples interventions sociales qui écrit chaque semaine pour faire état de choix scolaires, de ses difficultés quotidiennes dans ce monde de violence physique, psychique autant que symbolique, de ses efforts et à qui il convient de répondre autant en qualité de JAP que de juge des enfants. Ce sont les courriers des membres de la famille, souvent mères et conjointes, particulièrement investies, parfois plus que le principal intéressé, qui expriment toute la souffrance et les désordres en chaîne pour chacun d'eux au premier rang desquels les enfants. Ces messages, souvent l'expression d'une douleur importante, méritent une réponse alliant bienveillance et reformulation. En d'autres termes, il s'agit ici de reconnaître les implications familiales générées par l'incarcération d'une personne. Il s'agit aussi de reformuler que conformément au principe de personnalisation, cette même personne elle est la seule à pouvoir agir en saisissant par ses soins le JAP d'une requête.

Parce que le JAP constitue ce réfèrent permanent, toujours présent et attentif à ce qui se passe à l'intérieur comme à l'extérieur. Parce que le sens de la peine débute dès son prononcé, se poursuit lors de l'incarcération en dehors même de toute demande d'aménagement de peine. Si à l'inverse une demande est formulée, l'attention à tout ce qui se passe est également maintenu. Il est, en effet, maintenu au cours de l'instruction de la demande évidemment, tout comme il reste présent lors de sa mise en œuvre. Ce faisant, le JAP accompagne par sa présence légale ce singulier passage du dedans au-dehors. Il fournit en tout temps, par la permanence de son institution, un (re)père symbolique. En refusant une permission de sortir suite à des incidents disciplinaires, il vient dire qu'il est encore trop tôt pour penser un retour à la liberté. En faisant droit à une demande, il vient reformuler par les termes de sa décision les progrès effectués et à maintenir pour poursuivre la réintégration en cours. En révoquant une mesure, il vient rappeler qu'un interdit a été franchi, apportant à ce titre une réponse légale à cet acte commis. En cela, la dimension d'éducation chère à Beccaria n'est pas loin. Plus largement, par son office le JAP vient réintégrer, éloigner momentanément en un mot, circonscrire et définir une place dans la cité à un individu. Il lui propose, charge à elle de s'en saisir ou pas, à une personne de retrouver une place autre dans la société, de participer et œuvrer pour un projet commun.

Chapitre II. - Éléments de politique conjoncturelle : De l'urgence de la réflexion sur les droits à l'urgence de la protection pour les droits, une action en cours alliant individualisation et sécurisation.

Le 30 juin 2017, dans une lettre ouverte adressée au président de la République à la faveur des interrogations concernant la sortie de l'Etat d'urgence et modification de la procédure pénale, Mireille Delmas-Marty membre de l'Institut et Professeur émérite au Collège de France s'exprimait ainsi *« L'Etat de droit est fragile, Monsieur le Président de la République, car il navigue au milieu de vents contraires, à commencer par les vents sécuritaires qui menacent la démocratie quand ils prétendent l'emporter sur les vents de nos libertés. Non, la sécurité n'est pas le premier des droits et il faut inlassablement redire que Ben Laden et l'organisation Etat islamique auront gagné leur pari de détruire la démocratie et l'Etat de droit, si le terrorisme global qu'ils ont impulsé aboutit à faire que la France, pays de la Déclaration des droits de l'homme et du citoyen et co-autrice de la Déclaration universelle et de la Convention européenne des droits de l'homme, renonce aux principes garantissant un droit pénal démocratique : la légalité des délits et des peines, abandonnée au profit de définitions de plus en plus imprécises qui transforment toute une population en suspects potentiels ; la garantie judiciaire, bafouée par un transfert massif de pouvoirs à l'exécutif (ministre de l'Intérieur, préfets, armée) ; la notion même de « peine », remplacée par des mesures dites de sûreté, déresponsabilisantes donc déshumanisantes. De la punition d'une faute à sa prévention puis à la prédiction de la dangerosité, ces mesures neutralisent par avance et sans limites les suspects supposés (...). Il n'y a pas à choisir, Monsieur le Président, la sécurité ou les libertés. Vous-même et votre gouvernement, sous le contrôle du nouveau Parlement, vous devez assurer l'une et l'autre, en acceptant qu'elles ne soient absolues ni l'une ni l'autre ».* Ce faisant, Mireille Delmas Marty mettait en mot ce que François Sureau nommait en d'autres termes lors de son allocution prononcée au Conseil Constitutionnel le 31 janvier 2016 pour la Ligue des droits de l'homme à l'occasion de l'examen de la question prioritaire de constitutionnalité, concernant l'article 421-2-5-2 du code pénal issu de la loi du 3 juin 2016 visant à créer le délit de consultation des sites terroriste rappelle de manière majestueuse les la préciosité et fragilité des principes de droit fondamentaux qui gouvernent la France : *« Si les temps sont difficiles, ce que personne ne conteste, les principes dont je parle ne sont pas réductibles à de grands mots. Il y va de ce que nous sommes, si nous ne voulons pas finir, une loi après l'autre, à ressembler à cette Russie dont parlait Custine en disant : « J'ai senti au fond de cet exercice une volonté de fer employée à faux, et qui opprime les hommes pour se venger de ne pouvoir vaincre les choses (...) Les temps sont difficiles bien sûr, mais ceux de nos grands ancêtres ne l'étaient pas moins. L'idée informulée des gouvernements et des législateurs contemporains, c'est que les principes ne valent que par temps calme. (...) La tristesse de ce temps ne tient pas seulement à ce climat de violence civile nouveau pour notre génération de citoyens. Il tient aussi à l'évidente fragilité des grands principes dans notre conscience même. Il tient à la fréquence avec laquelle il nous faut désormais rappeler ces évidences qui renferment en elles-*

mêmes une part de notre honneur collectif ». Dans leur ouvrage « Démocratie sous stress, les défis du terrorisme global », Antoine Garapon et Michel Rosenfeld mettent admirablement en avant la façon selon laquelle la peur des attentats et le sentiment d'insécurité ressentis dans nos démocraties occidentales génèrent une incapacité à penser. Cette capacité, à obérer le raisonnement tient à la violence des référents qui ne sont pas ceux classiquement présents en matière de guerre comme la volonté d'étendre un territoire ciblé, de déclencher des hostilités dans un espace-temps précis. La violence vient notamment du fait que ce ne sont pas les mêmes fondamentaux de la démocratie qui sont ici partagés… La difficulté à réfléchir est en outre accentuée par la dimension d'urgence et de surprise que les actes commis génèrent. Appliqué à la France, le combat pour les libertés publiques doit toujours être mené. Parce que c'est du respect des droits de la personne dont il s'agit. Cette question traverse, dépasse et transcende les formations quelles qu'elles soient. Ce stress produit ainsi un sentiment subjectif d'être sous pression, objet d'une perpétuelle menace sourde, imprécise et innommable. Face à cette menace, les politiques se multiplient avec des créations législatives (installation et prolongation de l'Etat d'urgence, débat sur la déchéance de nationalité, création de l'infraction du délit de consultation des sites terroristes, assignation à résidence…). Il s'agit ici d'autant de ré-actions pas toujours ajustées, car oscillant entre occultation et hystérie, déni et panique morale. Dans un tel contexte, il est difficile de penser la situation, de la nommer tant, les références sont inconnues. Il est tout aussi complexe de trouver les outils pour répondre à la situation de menace extrême. Ces effets sont en outre démultipliés avec la notion d'urgence et d'immédiateté caractérisant le monde actuel fait d'instantanéité ou tout se décide ici et maintenant, tout de suite. Ces situations ou le pouvoir politique, se doit de se montrer fort pour protéger les libertés publiques menacées. Ce sont, ici encore, les paroles de François Sureau qui seront reprises pour illustrer les enjeux entre libertés publiques et Etat d'urgence : *« la liberté de penser, la liberté d'opinion et je n'aurai pas l'outrecuidance de citer la foule des grands auteurs, n'existent pas seulement pour satisfaire le désir de connaissance individuelle, le bien-être individuel de chaque citoyen. Il n'est pas protégé seulement par la déclaration que vous avez le mandat d'appliquer. Il l'est parce que cette liberté est consubstantielle à l'existence d'une société démocratique dont le premier devoir de l'Etat est de garantir le perfectionnement incessant. C'est l'éducation de l'homme à la raison politique de Kant et c'est ce devoir que l'Etat méconnaît ici ruinant, sous prétexte de sécurité immédiate, ce mouvement même de la connaissance et du choix, qui a la fin est seul susceptible de protéger notre société du péril qui le menace. Ce n'est pas en ôtant du cerveau du citoyen selon le mot de Tocqueville, le trouble de pensée que l'on peut espérer triompher de ceux précisément qui veulent qu'on ne pense pas. Cette question est aussi vieille que la démocratie elle-même* ».

Cet état de fait relatif à la fois à la protection des droits et notion d'urgence s'impose aussi au JAP de province en charge d'un centre de détention. Celui-ci est, en effet, très régulièrement amené à statuer sur la situation de personnes détenues suspectées de radicalisation ou en voie de l'être. Ce magistrat se trouve alors lui aussi face à des difficultés pour appréhender la situation. Certes, il dispose de moyens à la fois légaux, comme les cellules départementales de prévention de la radicalisation [59] mises en place dans les préfectures, voire de moyens plus empiriques comme le recours aux renseignements pénitentiaires ou territoriaux. Il existe également tous les renseignements informels émanant de la vie quotidienne carcérale et des différents professionnels intervenant en détention. Ce sont les personnes les agents de l'administration

59. Le 29 avril 2014, le Gouvernement a adopté un plan de lutte contre la radicalisation violente et les filières terroristes. Il prévoit un dispositif de prévention, dont la mise en œuvre territoriale a été renforcée. Parmi les nombreuses mesures inscrites dans le dispositif, certaines concernent les familles confrontées à une situation de radicalisation. Un numéro national d'appel téléphonique a été créé pour leur permettre de poser des questions, de demander conseil, voire de signaler une situation inquiétante. Dans la même logique, des services d'accompagnement ont été développés au niveau départemental pour proposer aux familles un soutien de proximité. Pour plus d'informations, consulter le site http://www.stop-djihadisme.gouv.fr/

pénitentiaire présents au greffe dès la mise sous écrou et qui constituent le premier contact, les agents du corps de surveillance, les conseillers pénitentiaires d'insertion et de probation, les membres du corps médical, les professionnels de formation (initiale et/ou continue).

Si la situation des personnes suspectées de radicalisation ou en voie de l'être est de nature à interroger et génère des dispositifs de repérage comme autant d'éléments de prévention, au demeurant fort légitimes, force est de constater que la réflexion et l'action se concentre ou sur les personnes qui sont libres (ce sont les « fichés S » qui comme leur nom l'indique restent libres de leur mouvement, mais sous Surveillance des autorités) ou sur les personnes incarcérées (ce sont alors celles que l'on soupçonne de prosélytisme à l'intérieur des murs de la prison.). Tout est pensé et appréhendé de manière binaire dans une dialectique dehors-dedans, sans prendre en compte cet intermédiaire ou entredeux caractérisés par la permission de sortir. Il s'agit en l'espèce de cette possibilité, qui est offerte à la personne détenue, de sortir de prison pendant l'exécution de sa peine. Juridiquement, la permission de sortir est l'autorisation donnée par le juge de l'application des peines à un condamné de s'absenter d'un établissement pénitentiaire, pendant une période déterminée qui s'impute sur la durée de la détention pour se rendre en un lieu situé sur le territoire national[60]. Ces permissions de sortir sont multiples. Elles concernent essentiellement deux domaines que sont la préparation à la réinsertion (qui peut prendre la forme de présentation à un employeur, présentation aux épreuves d'un examen, présentation dans un centre de soins,

60. Il s'agit ici des dispositions des articles 723-3, D. 142 à D. 147 du Code de procédure pénale. C'est dans le cadre d'une commission d'application des peines (CAP) que la décision est prise. La CAP est une commission consultative, instituée dans chaque établissement pénitentiaire, qui assiste le juge de l'application des peines lors de la prise de certaines décisions concernant l'individualisation des peines (art. 712-5 et D. 49-27 al. 2 CPP). Présidée par le magistrat précité, celui-ci qui après avoir recueilli les avis de l'ensemble de ses membres rend une ordonnance motivée octroyant ou rejetant la demande formulée.

l'accomplissement de toute formalité requise par l'autorité militaire, des sorties pour la pratique d'activités culturelles ou sportives, la comparution devant une juridiction de l'ordre judiciaire ou un organisme d'ordre administratif et même pour mettre en œuvre l'exercice par le condamné de son droit de vote) et le maintien habituel des liens familiaux. Concrètement, pour un centre de détention de 400 personnes sont soumis à la CAP mensuelle environ une soixantaine de demandes de permissions de sortir, auxquelles s'ajoutent autant de demandes de remises supplémentaires de peine, en sus des retraits de crédit de réduction de peine. Ce qui fait qu'en une journée le juge de l'application des peines est amené à rendre une centaine d'ordonnances motivées, ne pouvant de fait accorder que quelques minutes à chaque situation. Or, c'est dans cet interstice entre le dedans et le dehors, associé à la pression de la quantité de demandes à traiter et la nécessité de rendre une décision dans un court délai [61] que les risques sont présents. Bien évidemment, chaque demande de permission est soumise à la production de justificatifs et fait l'objet de vérifications préalables. Il s'agit en l'espèce d'enquêtes de police ou de gendarmerie destinées à vérifier les circonstances dans lesquelles ladite permission peut se dérouler (vérifier l'existence du lieu d'accueil, sa situation géographique, la moralité des personnes susceptibles d'accueillir, la réalité de l'emploi envisagé…). Mais quid de la situation qui d'un point de vue objectif et écrit, ne fait apparaître aucune difficulté, aucun élément défavorable des diverses mesures d'instruction effectuées, et ce, alors même qu'autour de la table de la CAP des paroles circulent sur le comportement potentiellement inquiétant de la personne détenue ? Ce comportement qui se trouve inscrit de manière circonstanciée dans le logiciel interne à l'administration pénitentiaire sorte d'outil de traçabilité du parcours du détenu durant son incarcération. Quid quand malgré ces observations orales évoquées par la majorité des

61. Il est toujours possible au juge de mettre une décision en délibéré. Cette situation reste toutefois, eu égard au nombre de demandes formulées, tout à fait exceptionnelle.

membres de la CAP, qui plus est confirmées par d'autres sources institutionnelles externes, de manière tout aussi tacite, aucune mention ne se trouve inscrite sur la feuille d'avis servant de base à la prise de décision du JAP ? Quid de l'impact de ces informations orales dont le JAP ne peut faire fi dans le cadre de sa prise de décision ? Quid des enjeux en cause dans la balance : La liberté individuelle sûre d'un individu contre la sécurité collective éventuelle de la société ? Quid des risques pris ? S'agit-il de prendre le risque de priver un homme de sa liberté et de ses droits fussent-ils pour la courte période d'une permission de sortir de 24 ou 48 heures ou prendre le risque éventuel de mettre en péril la vie de centaines de personnes ? Quid de l'utilisation de ces arguments tacites ? Quid des arguments objectifs à écrire sur l'ordonnance motivant sa décision d'octroi ou de rejet ? Quid du document fourni à la juridiction de second degré, en l'espèce la fiche d'avis de l'ensemble des membres de la CAP ne faisant état d'aucune difficulté apparente pour statuer en cas d'appel ? En sachant, qu'à la différence du JAP qui statue « *in situ* » en se déplaçant sur le lieu de détention, et qui dispose de fait, d'informations supplémentaires la juridiction de second degré statue quant à elle uniquement sur dossier ? Quid du traitement de ces informations tacites transmises au JAP qui peuvent également à certains égards revêtir une forme de subjectivité et être susceptibles de reformulations, sujettes à des déformations et amplifications dans un monde par définition clos, ouvrant ainsi la porte à des rumeurs et des effets en chaîne ? Quid de la prudence nécessaire qui doit être celle du juge et plus largement de son office ? Comment articule-t-il la protection de liberté individuelle du détenu, dont il a la charge, et la protection de la liberté de l'ensemble du peuple français dont il tient sa propre légitimité, comme le lui rappellent les dispositions de l'article 454 du Code de procédure civile ? Quid de cette position, de ces circonstances qui peuvent avoir des conséquences extrêmes, de cet espace-temps constitué par la permission de sortir au sujet de laquelle il se trouve contraint de répondre dans une forme d'urgence et qui l'empêche lui aussi de penser ? Quid de la notion de dangerosité potentielle insaisissable en de telles circonstances ? Parce qu'aucune expertise psychiatrique ne viendra conclure de façon certaine à un risque de passage à l'acte de nature terroriste. La dangerosité de type terroriste à ceci de particulier qu'elle peut en effet difficilement s'évaluer. Quid des conséquences d'une telle situation qui peut se traduire par une position de repli, de simplification et de principe de précaution ? Cette difficulté, très concrète issue de la pratique de terrain du juge de l'application des peines n'est pas anodine, en ce qu'elle renvoie plus amplement à des choix de politique publique dans notre démocratie ou les notions de liberté et de sécurité prennent tout leur sens. C'est dans ce contexte et à partir de telles situation, que juge de l'application des peines se doit de réaffirmer les fondamentaux français, au premier rang desquels se trouve le principe d'individualisation en l'adaptant à la réalité conjoncturelle mondialisée et dans le respect de la singularité nationale. En d'autres termes ne pas penser principe d'individualisation contre sécurisation, mais principe d'individualisation et sécurisation.

Les modifications structurelles et les impératifs conjoncturels lourds de conséquences viennent rapporter la preuve de la complexité de la réponse politique à apporter au phénomène criminel ; réponse qui dépasse et transcende les représentations classiques. Sur ce point, la criminologie peut constituer l'outil adéquat.

Chapitre III. - La question de la criminologie : De l'alliance de la répression et de la resocialisation ?

Dans ce contexte d'urgence internationale et de refonte identitaire politique nationale, n'y a-t-il pas intérêt à repenser l'utilité de la criminologie ? Ne pourrait-elle pas être conçue comme un outil d'adaptation pratique (libéral) venant en sus du droit pénal fondement théorique (social) ? En effet, dans le mouvement politique actuel marqué désormais du sceau de la nuance et singulièrement d'une redéfinition, voire d'un dépassement du clivage gauche/droite, les vicissitudes passées de cette discipline n'ont peut-être plus lieu d'être.

En effet, après son émergence en 2009 lors du colloque qui jusque dans son appellation soulignait déjà l'exception française « La Babel Criminologique, Formation et recherche sur le phénomène criminel : sortir de l'exception française », puis la diffusion du rapport Villerbu en 2011 visant à la création d'une section universitaire consacrée à cette discipline au sein du Conseil National Universitaire (CNU), sa naissance suivie de sa disparition la même année en 2012, n'y a-t-il pas des raisons d'espérer à nouveau ? Parce qu'il est assez indéniable que ce sont des considérations d'ordre politique relatives au clivage droite gauche, alors très prégnant à cette époque de transition, qui n'ont pas rendu possible son émergence. En effet porté, initié et crée par des personnalités notamment universitaires identifiées, à plus ou moins juste titre comme de droite, à l'image des décideurs ayant présidé à sa naissance la criminologie qualifiée alors de « droite », ne pouvait qu'être déconstruite après l'élection d'un gouvernement qualifié de « gauche ». Sur ce point, comme il l'a été évoqué précédemment, il a toujours été considéré par les observateurs étrangers (au premier rang desquels les nord-américains) comme particulièrement singulier pour ne pas dire incompréhensible, ce regard systématiquement politique porté sur cette discipline universitaire. Tout se passe, en effet, comme si on abordait cette discipline avec une grille de lecture ou paire de lunettes systématiquement connotée politiquement (de droite ou de gauche). Cela revient, en effet, à confondre le fondement et l'essence même de la discipline universitaire avec les éventuels usages qui peuvent en être fait. Il ne viendrait à personne l'idée de connoter politiquement la discipline universitaire de médecine de droite ou de gauche, et ce alors même que des usages et pratiques de cette matière peuvent être sujettes à des interprétations de type politique (l'avortement, l'euthanasie, les procréations médicalement assistées…). Certes, les enjeux et les tensions autour de la discipline criminologique, et la proximité que celle-ci noue avec une politique pénale sont de nature à exacerber les réactions. Ces enjeux viennent en outre se surajouter au « *background culturel politique bipartisan* ». Dans ces conditions, il n'est pas surprenant que les tensions et vieux réflexes archaïques constitutifs de l'histoire et de l'inconscient politique ressortent. Ainsi peut-on tenter de comprendre, en dehors de tout jugement de valeur, la façon selon laquelle les créations ou destructions législatives successives s'établissent en fonction des appartenances politiques, donnant lieu à cette « exception française » traduisant un « *malaise dans (le traitement de) la criminalité* », là où les autres civilisations occidentales y sont parvenues. Comme s'efforcent de nommer les observateurs étrangers, il s'agit de voir qu'à force d'interrogations sur cette vision politique clivée, la discipline criminologique, se retrouve non seulement privée de sa substance, mais également de son existence même. Le mouvement actuel de décloisonnement politique qui est en train de s'opérer, et qui peut se résumer par l'expression « ni gauche, ni droite mais gauche et droite » offre peut être de nouvelles opportunités d'exister à la criminologie et ainsi d'ouvrir le champ des possibles. Elle peut en effet offrir une expertise, dont il semble difficile de se priver par les temps d'agressions criminels existant, de dépasser ces clivages politiques allant au-delà de la simple question d'opposition partisane. Elle peut en effet constituer un outil parmi d'autres de gestion de la politique pénale. Elle n'est rien d'autre que l'application au monde criminel de cette réconciliation gauche/droite opérée par les élections dont elle se trouvait prisonnière dans l'ancien clivage. Car elle ne doit pas être considérée comme l'incarnation de la répression (de droite) ou de la resocialisation libertaire (de gauche). Elle peut en effet constituer un outil au service de la répression et de resocialisation à l'image du JAP qui agit dedans et dehors.

III

DE LA DIMENSION ÉCONOMIQUE DE LA CRIMINALITE

L'essor des usages normatifs de la quantification n'est pas nouveau. Michel Foucault exposait déjà la façon, selon laquelle l'Etat moderne s'est progressivement doté d'instruments de mesure de ses populations et richesses, faisant la part belle à l'avènement de la statistique comme outil de description objective des situations. Cet état de fait s'est toutefois grandement amplifié ces dernières décennies sous l'influence des principes du libéralisme économique, amenant le monde juridique à y recourir progressivement. Dans le monde de mots et de paroles du droit français, les chiffres ont en effet pris depuis une quinzaine d'années [62] une place considérablement importante, voire déterminante. Il s'agit ici, d'un phénomène tout à fait récent. Les chiffres font en effet parti intégrante du quotidien d'un juge de l'application des peines. Ce dernier se doit de garder dans la mémoire de son ordinateur la trace de chaque décision, pour être en mesure de la comptabiliser à la fin de chaque mois dans les statistiques, pour les inscrire ensuite dans le rapport d'activité annuel. Il s'agit ici de prendre la

62. Il faut faire remonter cette introduction des chiffres à la création de la Loi Organique relatives aux Lois de Finances (LOLF) au 1er aout 2001 date de sa promulgation. Sur ce point voir *Supra*.

mesure du phénomène civilisationnel, produit par la révolution numérique mondiale. Ce dernier n'est, en effet, pas étranger à ce nouvel idéal normatif en construction. Il est indéniable qu'il n'existe aucune technique sans culture et inversement. Les machines exercent des transformations sur l'esprit. Comme en d'autres temps, l'écriture a rendu possible la diffusion des idées, l'ère numérique ouvre vers la mondialisation selon un mode de pensée fondé sur la quantification. Cette dernière a effectivement pris une place grandissante dans l'activité juridictionnelle de ce type de contentieux et mérite une attention toute particulière.

En effet, si l'axiome normatif contient et constitue le point de départ à partir duquel une certaine vision de la peine et de l'homme s'établit, la philosophie politique, le but vers lequel on tend : à savoir le retour dans la cité ; le modèle économique se définit quant à lui comme l'outil permettant d'accéder à ce but. Il renvoie au sens étymologique du terme, c'est-à-dire au grec ancien « *oïkonomia* » se référant à la gestion de la maison. Constitué en effet des vocables « *oikos* » et « *nomos* », qui signifient respectivement maison et gérer. En un mot, il s'agit d'administrer. En d'autres termes, appliqué au champ de la pénalité en général, et à l'application des peines en particulier, le modèle économique et les chiffres montrent la façon selon laquelle la justice assure la gestion de son institution. Ils renvoient ainsi à trois points précis : un souci de rationalisation synonyme d'efficacité dans la gestion des flux, une volonté de maîtrise des coûts et enfin un désir de prévention des risques de récidive. Ainsi, il est constant de rappeler que le monde occidental est traversé et influencé par un grand mouvement de quantification sous l'égide du libéralisme économique qui postule dans le prolongement du libéralisme politique l'idée selon laquelle l'homme se meut dans une totale liberté de penser et d'acte selon un rapport cout/avantage. Concrètement, ce courant postule que tout acte posé, y compris un acte de nature délictuelle ou criminelle, répond à une logique bien précise au terme de laquelle l'homme a plus d'avantages que d'inconvénients à le réaliser qu'à s'abstenir. Partant, en faisant le choix de commettre cet acte, il prend aussi un risque dont il assumera l'entièreté des conséquences. Toutefois, il est important de prendre la mesure de ce principe pour en dégager toute la portée. Parce que derrière chaque conception, se cache un principe directeur. Ainsi, cette philosophie de la quantification est elle fondée sur la recherche d'une efficacité mesurée. En cela, elle se distingue fondamentalement de celle relative à la qualification fondée sur la recherche d'une intelligibilité individualisée qui se trouve incarnée par le JAP. Dit en d'autres termes, le sens de l'efficacité de la théorie anglo-saxonne *Law and Economics*, repose sur des principes fondamentaux différents de la théorie française de la Défense Sociale Nouvelle soucieuse d'un certain sens de la peine. Les buts respectifs vers lesquels ces théories tendent sont également distincts : là où la première pense en termes de prévisibilité du risque, la seconde pense plutôt en termes de prévention de la récidive. La difficulté ne réside pas tant, dans l'opposition des deux modes de pensée différents, que par l'immixtion tacite et permanente de l'un dans l'autre, sans être jamais véritablement nommé et qui à terme se traduit par ce singulier risque de passage du *« gouvernement des lois à la gouvernance par les nombres »* [63] pour reprendre l'expression consacrée par Alain Supiot. Aussi dans un tel contexte, marqué du sceau de la dimension comptable omniprésente, dont la criminologie actuarielle en est la plus manifeste des illustrations dans le monde pénal, il n'est pas très surprenant, compte tenu des principes mêmes qui la régissent que celle-ci ait mal à émerger et prendre sens au sein de la justice pénale traversée en outre, par d'autres problématiques. Elle n'est en effet que difficilement compatible avec une vision, qui à certains égards, peut se révéler comme figée et déterminée. Toutefois, sans en rejeter ou privilégier un modèle plus qu'un autre, parce qu'il est difficilement concevable en période de crise de se priver d'un outil au service d'une rationalisation, il serait peut-être intéressant, une fois les choses nommées, de poursuivre ce processus d'émancipation par exemple par la création d'un

63 A. Supiot, La Gouvernance par les nombres, Cours au Collège de France (2012-2014), Fayard, 2017.

modèle « à la française » alliant la dimension statique et statistique à une autre de type plus clinique et analytique.

Le but ici est de nommer les choses, pour ainsi éviter une méprise et incohérence paradigmatique, amenant à vouloir plaquer un modèle (en l'espèce d'inspiration anglo-saxonne) présenté comme la référence et qui aboutit finalement à des contradictions parce que pas en accord avec nos principes. En effet, cette fausse croyance et cette méprise sur le phénomène criminel et son traitement sont d'autant plus délétères qu'elles ne se nourrissent pas de nos fondamentaux juridiques et philosophiques et singulièrement de ceux propres au droit pénal et à la procédure pénale française.

Chapitre I. - De l'existence de la gouvernance par les nombres : l'essor de la quantification au service de la rationalisation, pour une efficacité mesurée

Il s'agit ici de prendre la mesure de cet état de fait qui s'impose à tous, institutions comprises, et qui se traduit par un nouveau paradigme budgétaire. Mis en musique par la révolution numérique dans un souci de rationalisation, ces nouveaux outils de gouvernance constituent autant de moyens spécifiques donnant aux nombres une importance qu'il est nécessaire de souligner. Les nombres, et le processus de quantification qui les accompagne, constituent en effet autant de moyens au service d'une rationalisation. Ils peuvent prendre plusieurs formes allant des statistiques pour l'appréciation et la gestion des flux, à l'argent dans un souci de maîtrise des coûts. Toutefois, il convient de ne pas perdre de vue que ces outils de gouvernance, qui ne constituent que des moyens spécifiques, procèdent d'une théorie particulière représentative du modèle de pensée anglo-saxon dont l'application bien qu'utile demeure perfectible. Ces nombres relèvent, en effet, d'une gouvernance c'est-à-dire d'une technique expertale constitutive d'un mode de gestion des affaires publiques [64].

Il n'est pas contestable que le phénomène de quantification auquel on assiste depuis ces dernières années, peut constituer à certains égards un outil de gouvernance utile. Il permet en effet le développement d'une rationalisation par les chiffres. L'intérêt de cette activité est certain, en ce qu'il offre la possibilité d'avoir un regard réflexif et objectif sur le travail effectué. Il participe en outre à contribuer à un processus de responsabilisation des différents professionnels engagés. Il s'agit ici, de la manifestation concrète de cette influence managériale de la justice, l'illustration du *New Public Management* consistant à étendre à l'Etat et aux administrations publiques les techniques de fonctionnement de l'entreprise privée. Elle se trouve incarnée et symbolisée en France par la Loi Organique relative aux Lois de Finances (LOLF). Ce choix de politique publique que certains nomment la « Constitution Financière », est gouverné par l'idée qu'il convient d'orienter la culture budgétaire basée sur la dimension de la performance et de la responsabilité de ses acteurs dans la gestion publique. Ce paradigme budgétaire se trouve essentiellement axé sur une logique de moyens plutôt qu'une logique de résultats. C'est l'extension à l'Etat des règles de la comptabilité du privé au public. Plus encore, les gestionnaires sont désormais tenus de rendre des comptes sur l'efficacité de l'utilisation des crédits qui leur ont été attribués. L'idée sous-jacente est gouvernée par l'idée selon laquelle les ressources ne sont plus mises à disposition par la puissance publique, mais elles sont co-produites, co-développées et co-gérées par des acteurs renouvelés de l'action

64. L'historiographie de ce terme est à ce titre riche d'enseignements. Terme d'ancien français la gouvernance a d'abord été utilisée au XIIIème siècle comme équivalent de "gouvernement" entendu comme art ou manière de gouverner. Ce mot passe ensuite dans la langue anglaise pour être notamment repris par les économistes anglo-saxons. Il se retrouve ensuite associé à certaines institutions internationales pour s'enrichir d'une nouvelle acception marquée du sceau de la volonté de promouvoir un nouveau mode de gestion des affaires publiques fondé sur la participation de la société civile à tous les niveaux.

publique, lesquels ont une dimension d'acteur dans la participation au bien commun. Ils ne se limitent plus à des fonctions de simples exécutants d'une politique élaborée, définie en d'autres sphères. Appliqué au domaine de l'application des peines, cela donne lieu à quantité de chiffres destinés à mesurer l'activité du service de façon concrète. Ainsi, le rapport d'activité d'un cabinet fait il apparaître pour l'année n les x ordonnances de rendues (comprenant x ordonnances de permissions de sortir, x ordonnances de remise de peine, x ordonnances de crédit de réduction de peine), x jugements de rendus (comprenant x de libération conditionnelle, x de semi-liberté, x de placement extérieur, x de placement sous surveillance électronique...), x demandes d'enquêtes de police, x demandes d'enquête de faisabilité de placement sous surveillance électronique.... Tous ces chiffres donnent ensuite lieu à un traitement spécifique par un logiciel de gestion l'infocentre judiciaire PHAROS (Pilotage Harmonisé pour l'Organisation des Services), dédié spécifiquement au contrôle de gestion et à la mesure de la performance. PHAROS est en effet « un outil partagé entre l'administration centrale, les cours d'Appel (chefs de cour et Services Administratifs Régionaux des Cours d'Appel), et les arrondissements judiciaires. Ce partage d'une information provenant d'un référentiel commun à tous les acteurs (centraux et déconcentrés) doit, selon la Chancellerie, assurer un dialogue transparent et constructif ». Présenté comme un « outil de gestion et de pilotage des juridictions, il doit permettre de dégager des orientations en matière d'économies budgétaires (meilleure compréhension des dépenses, production de ratios d'activité ou financier, comparaisons avec d'autres cours d'appel...), mais aussi et surtout en matière d'optimisation des moyens humains (notamment entre les juridictions ayant de réels besoins et celles pouvant restituer des emplois) » [65]. En définitive, PHAROS apparaît comme un nouveau vecteur de la

---

65. Sénat, Justice et accès au droit, présenté par Messieurs Yves DÉTRAIGNE et Simon SUTOUR, Session ordinaire de 2009-2010, TOME IV, Enregistré à la Présidence du Sénat le 19 novembre 2009

logique de performance au sein des juridictions. Ces chiffres représentatifs de l'activité d'un magistrat dans le cadre de son service et exploités par les chefs de juridiction, seront également repris par le Directeur du Greffe du Tribunal qui en fera un usage similaire applicable cette fois au greffe. En effet, ces informations chiffrées puis intégrées dans des logiciels professionnels (en l'espèce Outil Greffe) se traduiront par des Equivalents Temps Plein Travaillés (ETPT [66]) pour déterminer ensuite le nombre de greffiers nécessaires pour assurer le bon fonctionnement d'un service. Ces chiffres détermineront également le nombre d'adjoints administratifs.

Ces modes d'évaluation, qui trouvent leur source dans une pensée tout à fait louable animée de l'idée selon laquelle il convient de rationaliser l'action publique et d'en responsabiliser les acteurs n'en comporte pas moins des limites dans la pratique. En effet, par exemple, les chiffres demandés par le ministère concernent le nombre de décisions rendues par un juge de l'application des peines (jugements et ordonnances). Ce faisant, ils ne prennent par exemple pas en compte les diligences effectuées en amont par le greffier. Concrètement, avant de statuer sur une permission de sortir (par une ordonnance) où une demande d'aménagement de peine (par un jugement) le juge de l'application des peines effectue des mesures préalables d'instruction afin de s'assurer à la fois de la réalité et de la possibilité de la demande envisagée. Ces demandes de vérifications auprès de services de police ou de gendarmerie signées de la main du juge sont effectuées par son greffier. Elles consistent à vérifier pour chaque adresse si celle-ci dépend de la compétence de la police ou de celle de la gendarmerie, à identifier l'entité institutionnelle concernée (la gendarmerie ou le commissariat) puis lui formuler la demande. Il va sans dire que pour un centre de détention dans lequel se trouve écrouées 400 personnes les demandes d'enquête en tous genres (hébergement, travail, faisabilité de placement sous surveillance électronique...) sont nombreuses. Elles représentent

---

66. Il s'agit ici d'une unité de mesure d'une capacité de travail et donc de production.

une part importante du travail du greffe. Or, ces dernières ne sont nullement soumises à ces chiffres demandés pour rendre compte de la production de travail nécessaire dans le service. De manière infiniment subsidiaire, il sera en outre précisé que le juge, dont les chiffres ne constituent pas le cœur de métier, ne reçoit pas ou peu de formation initiale sur cette dimension comptable. A l'exception de quelques grands principes budgétaires rappelés à sa mémoire au cours de l'enseignement initial, il ne lui est aucunement précisé dans les détails la façon selon laquelle ces chiffres doivent être mis en musique, les implications très concrètes qui en découleront en termes d'octroi de postes de greffier ou d'adjoints administratifs... En un mot tout cet état de fait qu'il découvre bien souvent de façon parcellaire dans le courant et le flux de l'activité juridictionnelle. De même, il est surprenant de relever qu'à l'heure de la valorisation à l'investissement personnel, il ne perçoit aucun traitement supplémentaire pour ces heures consacrées à une activité extra-juridictionnelle.

Si le souci de rationalisation par les chiffres s'apprécie en termes d'efficacité mesurée, il en est de même en ce qui concerne la volonté de gestion, d'organisation et de maîtrise des coûts. Il est assez singulier de relever l'effet « positif » de la crise qui oblige à penser en termes d'économie en déployant des ressources imaginatives jusqu'alors insoupçonnées. Sur ce point, si des avancées sont perceptibles et fort utiles pour un meilleur fonctionnement de la justice pénale d'autres restent pour leurs parts largement perfectibles.

S'agissant d'une illustration positive de l'administration de l'argent par l'institution judiciaire, la création de l'AGRASC (Agence de Gestion et de Recouvrement des Avoirs Saisis et Confisqués) est très significative de cette optimisation maximale. Cet établissement public administratif placé sous la double tutelle des ministère de la Justice et du Budget a été créé en 2010. Il vise à faciliter la saisie et la confiscation en matière pénale. Son but consiste à mieux appréhender les profits générés par la délinquance et le crime organisé et, ce faisant, à renforcer l'effet dissuasif de la sanction pénale. Il s'agit d'un système de modalités de sanction d'une grande pertinence et profondément utile à plus d'un titre. Très prosaïquement, il est utile pour l'argent qu'il apporte à l'Etat. En effet, par la logique de ces dispositions, « le législateur a veillé à ce que l'agence centralise de très nombreuses saisies (de numéraires, de comptes bancaires, d'immeubles, etc...) et qu'elle s'assure tant de la bonne gestion de ces biens saisis que, une fois ces biens confisqués par une décision définitive, du versement du produit de leur vente au budget général de l'État. Ainsi, depuis sa création, l'Agence a traité plus de 18 252 affaires correspondant à la gestion de 34 000 biens de nature très diverse (numéraires, comptes bancaires, véhicules, bateaux, biens immobiliers...), d'un montant total évalué à un demi-milliard d'euros » [67]. Il est également et symboliquement pertinent par le sens de la peine qu'il véhicule. Mettant en effet en œuvre de façon concrète et définitive une atteinte aux biens de la personne, elle assure de fait une fonction expiatoire nouvelle de la sanction pour le délinquant venant le « toucher » dans ce qu'il a (improprement et illégalement) acquis. La privation définitive de biens joue ici un rôle bien supérieur à la privation temporaire de liberté. Concrètement, si être privé de sa liberté de manière temporaire constitue une sorte de « règle du jeu », la privation définitive de ces biens symbolisant d'un certain « je » social s'avère plus dissuasive. Le Porsche Cayenne ou les investissements immobiliers en Asie constituent à n'en pas douter des médias (au sens de tiers) forts utiles pour accéder et toucher la personne condamnée dans ce qui constitue, pour elle, un élément important de sa vie. Il est une autre illustration positive de volonté d'optimisation des coûts avec la gestion déléguée utilisée dans certains établissements pénitentiaires [68]. Il s'agit ici d'une proposition intelligente de l'utilisation de l'argent à la fois public et privé. La genèse de la gestion déléguée était la suivante « en 1987 les prisons connaissent un taux de surpopulation très important. Le climat est tendu, Albin

67. Sur ce point voir la circulaire du 3 février 2011 relative à la présentation de l'Agence de gestion et de recouvrement des avoirs saisis et confisqués (AGRASC) et de ses missions. NOR : JUSD1103707C
68. Le premier établissement à gestion déléguée à voir le jour en 1990 fut le centre de détention de St-Mihiel dans le département de la Meuse.

Chalandon, alors garde des Sceaux, prévoit un programme de construction ambitieux de 13 000 nouvelles places. Le recours au secteur public est jugé « trop cher, trop long ». Le ministre de la Justice mise sur l'émulation entre le secteur privé et l'administration publique afin d'introduire une dynamique concurrentielle dans la gestion des prisons. Il attend des opérateurs privés qu'ils fassent preuve des qualités qu'on leur prête habituellement : efficacité, rapidité, diminution des coûts et capacité d'innovation. L'intention initiale du ministre est la privatisation intégrale, à l'instar de l'expérience américaine ; le débat parlementaire qui va suivre donne lieu à de vifs échanges, car il se révèle délicat de concilier la logique économique/managériale avec la logique juridique/institutionnelle. Le 22 juin 1987 est adoptée la loi sur le service public pénitentiaire, qui légalise la concession à des opérateurs publics ou privés des fonctions autres que celles de direction, de greffe et de surveillance » [69].

Les marchés publics de gestion déléguée, de longue durée, consistent en des contrats globaux de prestations multiservices et multi techniques couvrant de nombreuses prestations allant des fonctions d'intendance et de logistique au soutien de l'administration pénitentiaire dans sa mission de réinsertion. Les domaines d'intervention prennent la forme à la fois des fonctions d'intendance et de logistique (comme la restauration, l'hôtellerie et blanchisserie, la cantine ou la maintenance) et des fonctions d'appui à la mission de réinsertion de l'administration pénitentiaire (comme le travail pénitentiaire en tant que tel [70]),

69. Sur ce point voir le fascicule de la Direction de l'administration pénitentiaire sur « La gestion déléguée des établissements pénitentiaires 20 ans de partenariat public-privé », Claude d'Harcourt, directeur de l'administration pénitentiaire, http://www.justice.gouv.fr/

70. Le titulaire propose alors une activité rémunérée aux personnes détenues qui en font la demande, soit au titre du service général activités nécessaires au fonctionnement courant de l'établissement (notamment pour les fonctions de restauration, hôtellerie-blanchisserie, cantine, maintenance, nettoyage des locaux ou de transports), soit en ateliers de production.

ou en matière de formation professionnelle [71]. Ce mode gestion mixte alliant l'utilisation de fonds publics et de fonds privés présente des avantages indéniables pour l'administration pénitentiaire qui indique avoir pu avec cette pratique se recentrer sur ses missions régaliennes que sont la direction, le greffe et la surveillance. Elle indique également avoir pu constater une meilleure qualité des services délivrés par le prestataire privé, un patrimoine immobilier pénitentiaire bénéficiant d'un entretien constant durant la durée des marchés, ainsi que la mise en place d'indicateurs de performance permettant un processus d'optimisation permanente [72]. Ce partenariat public-privé pourrait tout à fait se prolonger pour des lieux d'accueil de réinsertion, type lieu de placement extérieur, dans lesquels se retrouvent des personnes se trouvant encore sous écrou. Pourquoi en effet ne pas imaginer une partie du financement de ces établissements par des fonds privés émanant de fondations ou de mécénat ?

Toutefois, ce pragmatisme économique au service de la justice criminelle n'est pas présent à tous les bouts de la chaîne pénale. Sur ce point, pour en revenir au domaine de l'application des peines le logiciel pénitentiaire GENESIS (Gestion Nationale des Personnes Ecrouées pour le Suivi Individualisé et la Sécurité) en est la parfaite illustration. Très largement perfectible, pour ne pas dire défaillant à bien des égards, cet exemple est particulièrement révélateur. Créée par le décret n °2014-558 du 30 mai 2014 et encore largement améliorable en 2017, cette base de données informatiques sur les détenus, contient des éléments biométriques, d'exécution des sentences pénales et les décisions de justice ainsi que des modalités de la détention. Il comprend notamment la traçabilité et gestion des versements opérés pour indemniser les victimes d'infractions pénales. Or, actuellement en 2017, malgré des sites

71. Le titulaire propose des formations individualisées dans le cadre de programmes de formation validés par l'administration pénitentiaire.
72. *Op. cit.* note de bas de page 69.

d'expérimentation ciblés avant une application générale sur tout le territoire français, aucun virement de ces dommages et intérêts ne peut être effectué. Or, cet état de fait à des effets néfastes à plus d'un titre. Tout d'abord, il pose bien évidemment un problème de règlement des sommes dues et non réglées aux parties civiles. Toutefois, les implications vont au- delà dans la pratique du juge de l'application des peines. Avec cette « défaillance technique » le magistrat se voit en effet privé de l'utilisation d'un critère (parmi d'autres) à prendre en compte pour l'octroi d'une demande d'aménagement de peine. L'absence de fait de cette « implication financière » caractérisée par une absence de remboursement des sommes dues s'étend également aux remises de peines supplémentaires qui peuvent être accordées par le juge. Il ne saurait en effet pas être imputé à une personne détenue un dysfonctionnement institutionnel. Ces observations concernant les malfaçons de ce logiciel ont été reprises dans le rapport annuel 2016 du Contrôleur Général des Lieux de Privation de Liberté [73] qui relève à ce sujet « le déploiement de GENESIS rencontre des difficultés inhérentes à la mise en place de tout projet informatique d'ampleur dont il convient de pallier les conséquences lorsqu'elles portent atteinte aux droits fondamentaux des personnes détenues. On observe enfin une difficulté rencontrée dans plusieurs établissements en ce qui concerne le logiciel GENESIS utilisé pour la gestion de l'application des peines et qui comporte un module destiné à gérer les comptes nominatifs des personnes détenues : une difficulté technique aurait pour conséquence une interruption des versements volontaires aux parties civiles. Des établissements visités ont fait état d'un report de plus d'un an. Cette situation a des conséquences importantes sur les décisions d'attribution des réductions de peine supplémentaire (RPS) ou sur l'octroi de permission de sortir. Il appartient à l'administration de prendre toute mesure utile pour que les personnes détenues désirant effectuer des versements volontaires à leur partie civile puissent bénéficier des avantages

73. Rapport annuel 2016 du Contrôleur Général des lieux de Privation de liberté, p. 26.

liés à cet acte sans subir de préjudice lié à un dysfonctionnement dont elles ne sont pas responsables ». Sur ce point, le JAP en ce qu'il incarne la loi et la permanence de celle-ci, se retrouve mis à l'épreuve de la réalité et peut-être amené à inventer « pour faire avec les moyens du bord ». Ainsi, par un travail de partenariat avec les personnes en charge du service de la comptabilité et moyennant la grande implication de ces dernières, a-t-il été possible de créer un système « sui generis » pour permettre la mise en œuvre de versement effectif selon une méthode toute manuelle. C'est de ce travail de partenariat et d'invention tout aussi empirique que pragmatique qu'il été possible de répondre à cette situation de vide « juridico informatique ». Situation qui n'ayant pas échappé à la connaissance des personnes détenues, se traduisait logiquement lors de leur passage en audience par une formule consistant à dire qu'elles avaient « *fait le nécessaire pour verser 5 ou 10 euros mensuels mais que rien n'a été possible suite au problème informatique de l'administration* ». C'est en écho à cette même phrase qu'il est ensuite précisé dans les jugements (à la fois dans un souci de rappel à la loi, pédagogique et de sens de la responsabilité individuelle) de nombreux mois après la mise en place de ce dispositif « sui generis » la formule suivante : « *Redevable de la somme de X euros au titre de l'indemnisation des parties civiles, le requérant n'a pas mis en place des versements volontaires. Sur ce point, il sera précisé que s'il a pu exister une période ayant donné lieu à des difficultés de fonctionnement du logiciel informatique de comptabilité de l'administration pénitentiaire pour le règlement des sommes dues aux parties civiles, cette information n'est plus à l'ordre du jour. En effet, les personnes condamnées sont désormais consultées sur le point de savoir si elles souhaitent s'engager à nouveau à opérer des versements volontaires, leur donnant ainsi les moyens de rapporter la preuve de « leurs efforts en vue d'indemniser leurs victimes » selon l'expression consacrée par le Code de procédure pénale. En l'espèce, les éléments du dossier de M. Y indique que ce dernier n'a pas répondu à la demande préalable écrite qui lui a été faite à ce sujet et ne pourra qu'être enjoint à le faire dans les meilleurs délais en fonction de ses facultés contributives* ».

De manière subsidiaire mais non moins importante c'est à partir de ce même logiciel GENESIS que sont rendues chaque mois par le JAP sur le siège une soixantaine d'ordonnances, notamment de permissions de sortir. C'est ce même logiciel qui n'est pas en mesure d'y intégrer la motivation, c'est-à-dire les raisons qui expliquent et justifient l'octroi ou le rejet obligeant ainsi le JAP à le faire lui-même à la main. Concrètement pour des journées au cours desquelles il est amené à rendre un grand nombre de décisions, cette obligation de rédaction de la motivation en sus des éléments déjà préalablement inscrits par le greffier pénitentiaire, constitue une surcharge de travail non-négligeable et donc un coût supplémentaire outre des risques d'erreur.

Au-delà du caractère factuel de ces exemples tirés de la vie quotidienne que viennent dire ces pratiques ? Le contentieux de l'application des peines est, en effet, riche d'enseignements. Il peut effectivement montrer la façon selon laquelle la réalité de terrain peut se révéler quelque peu éloignée de cet objectif voulu et affiché. Pire encore, il peut priver de sens le système institutionnel lui-même au risque de transmettre symboliquement des injonctions paradoxales. Il y a en effet un risque de non-sens des messages envoyés : on ne peut pas d'un côté vouloir la rationalisation du système, l'optimisation des coûts, l'implication des acteurs, c'est-à-dire l'application d'un principe d'action propre au libéralisme économique et ne pas en fournir les moyens (étatiques) nécessaires et adéquats. Ces interrogations sont également valables pour la valeur travail source de réinsertion. Comment donner sens au travail effectué en détention rémunéré en deçà des minimums légaux ? Quid de l'ancien chef de réseau de produits stupéfiants qui fonde sa requête en aménagement de peine sur un travail dans le secteur des bâtiments et travaux publics lui offrant des subsides mensuels à hauteur de moins de 1000 euros soit 10 fois moins que ce qu'il percevait de ses activités (illégales) avant le prononcé de sa peine ?

Finalement, ces exemples concernant la volonté de rationalisation de la justice pénale dans sa dimension économique viennent montrer qu'il ne s'agit ici que d'outils et de moyens par définition perfectibles. Outils et moyens qui ne doivent pas se confondre avec une fin. Ces exemples obligent également à réfléchir pour en comprendre les ressorts profonds de cet aspect économique. Aller au-delà de ces apparences factuelles. Parce que derrière ce mythe babylonien des chiffres et de la rationalisation se cache une théorie économique du droit. Cette théorie, appelée *Law and Economics*, constitue la figure de proue d'un système beaucoup plus large qui répond à des rouages bien précis se résumant par un rapport coût-avantage. Tout doit être pensé, organisé, rationalisé pour une effectivité rentable maximum. C'est la gestion de performance optimale, ce qu'Antoine Garapon nomme la « justice managériale » [74] et la façon selon laquelle celle-ci se « transforme en un service faisant de l'efficacité une valeur centrale ». Si cette dernière théorie sert de support à une gestion matérielle des services, elle ne doit pas faire oublier l'essentiel surtout en matière pénale : le sens de la peine. Sur ce point, peut-elle apporter, notamment en France la réponse à la question fondamentale en matière pénale en général et d'application des peines en particulier : à savoir penser la dangerosité.

Chapitre II. - De l'importance du gouvernement par les lois : la nécessité de la qualification au soutien du sens de la peine, pour une intelligibilité individualisée

Il s'agit ici de prendre la mesure que les outils de gouvernance ne peuvent être confondus ou se substituer à l'art de gouverner, au sens de la pratique consistant à diriger et maintenir un cap [75]. Il s'agit également de réaliser que la vie humaine ne peut se traduire entièrement par des chiffres et que

---

74. Antoine Garapon, La raison du moindre Etat, le néolibéralisme et la justice, Odile jacob, 2010, p. 45 et s.
75. L'étymologie est toujours riche d'enseignement. Sur ce point, du latin gubernare, le mot gouverner signifie diriger un navire. Le verbe grec kubernân (piloter un navire ou un char) fut utilisé pour la première fois de façon métaphorique par Platon pour désigner le fait de gouverner les hommes.

les mots doivent venir les compléter. Cette complémentarité des chiffres et des mots semble, en effet, particulièrement nécessaire dans le système français attaché au sens qu'il convient de donner à la peine. Ce n'est qu'à ce prix, que la peine pourra se déployer dans un monde intelligible pour la personne à qui elle s'adresse conformément au principe de personnalisation. Concrètement, il s'agit de garder à l'esprit les fondements humanistes français qui prennent toute leur importance notamment lorsqu'il s'agit de penser la notion moderne de dangerosité. Sur ce point, en lien avec la notion fondamentale de dangerosité dont deux lectures sont possibles, une attention particulière sera apportée à l'approche actuarielle. Laquelle ne semble ni adaptée, ni transposable en tant que tel à la justice française en général et au domaine de l'application des peines en particulier sans une adaptation précise. Le but de la justice, certes vu de plus en plus comme un service, demeure toutefois le rétablissement d'un équilibre brisé. Le juge de l'application des peines, quant à lui n'est pas en charge de « faire du chiffre » mais de penser et organiser la réinsertion de personnes, qui par définition ont connu un parcours difficile. C'est ici toute la différence entre la prévisibilité du risque qui s'appréhende au moyen de chiffres et qui concerne un acte, et la prévention de la récidive qui s'appréhende au moyen de mots et qui concerne une personne.

Le modèle économique entendu comme outil permettant d'accéder à un traitement efficient de la criminalité renvoie en effet, à une problématique absolument incontournable dans nos sociétés actuelles traversées de toutes parts par la violence des actes terroristes : la problématique de la gestion et prévention de la dangerosité. C'est là toute la question, la réception et l'utilisation des mesures actuarielles qui se posent. Dans son quotidien, le juge de l'application des peines, en qualité d'acteur principal au service de la réinsertion doit rendre compte dans tous les sens du terme de ses diverses activités. Les chiffres qui lui sont afférents revêtent une importance particulière dans le cadre de la politique publique pénale et la vie de la cité par les implications qui en découlent. Les choix opérés par ce magistrat se traduisent également par des risques pris en matière de dangerosité et de récidive. Or, il s'agit ici des deux enjeux fondamentaux d'une politique pénale efficace. C'est précisément à l'intérieur de cet espace que se rejouent ici les fascinations fantasmatiques à l'égard du modèle nord-américain : celles de l'envie et du désir de quantification synonymes d'impression de gestion et de maîtrise.

L'attrait pour les chiffres fait florès dans ce domaine. Il se traduit par ceux concernant au premier chef le nombre de personnes écrouées 76 601 au 1er janvier 2016 (comprenant prévenus 18 158 et 58 443 condamnés), le taux de récidive (40,3 % en 2015 toutes infractions confondues contre 39,8% en 2014). Cet attrait pour les chiffres concerne également la pratique quotidienne du juge de l'application des peines dans la gestion de la dangerosité. Concrètement, à une demande d'aménagement de peine concernant une période d'avenir à long terme ou une simple permission de sortir à plus court terme, le juge de l'application des peines est confronté à un choix, qui constitue également un risque, celui de faire sortir même pour quelques heures, une personne potentiellement dangereuse. Au moment de sa prise de décision, le juge de l'application des peines ne peut pas faire l'économie d'une réflexion sur les implications majeures qu'entraînera sa décision en cas d'un éventuel passage à l'acte. Plus précisément, appliqué au domaine cher à l'application des peines qu'est celui de la dangerosité et de la prévention récidive, le désir de quantification prend tout son sens avec les pratiques criminologiques actuarielles. Sur ce point, la sémantique est ici importante à relever. L'expression actuarielle tire son nom du mot actuaire utilisé pour parler des spécialistes des statistiques et des probabilités, appliqués aux opérations d'assurance et de finance. Les actuaires sont des professionnels qui analysent l'impact financier du risque. Ils utilisent des techniques en mathématiques, en économie et en statistiques pour modéliser certains événements futurs, telle que la durée de la vie humaine ou les pertes pécuniaires associées aux accidents. Sur le continent nord-américain les principes de cette méthode actuarielle ont été appliqués à l'acte délictuel et criminel. Cette approche qui pense la dangerosité, non pas à partir d'une évaluation clinique personnalisée, mais selon un calcul statistiques, transpose au comportement humain les méthodes mises au point par l'assurance pour calculer les risques, est bien une criminologie quantitative de chiffres. En Amérique du Nord cet aspect quantitatif prend tout son sens en fin de sentence. Il existe en ce domaine quantité d'outils actuariels permettant de venir mesurer l'évaluation du risque de récidive [76] : en matière de psychopathie, de violence, d'agressions sexuelles… Méthodes de gestion des risques, les outils ou échelles actuarielles permettent d'établir des diagnostics de récidive à partir de calculs de probabilités. Ainsi existe-t-il le « *Psychopathy Checklist-Revised* » plus communément appelé le P.C.L-R [77] qui est une échelle d'évaluation de psychopathie comprenant de 0 à 20 items. L'analyse factorielle [78] montrant un score se situant entre 30 et 40 associera l'individu soumis au test à un profil de personne ayant une problématique de psychopathie. Les risques de récidive de violence sont également évalués au moyen du « *Violence Risk Appraisal Guide* » aussi appelé V.R.A.G [79]. Il s'agit d'un outil actuariel pour la prédiction de la récidive violente. Les outils utilisés donnent la probabilité (de zéro à 100%) que le

76. Sur ce point voir du même auteur : I. Dréan-Rivette, *De la criminologie en Amérique, Perspectives comparées France-Canada*, Editions L'Harmattan, Collection Controverses, 2011, P.68 et suivantes

77. Pour plus d'informations voir : Hare R. D., *Manuel pour l'Échelle de psychopathie révisée*, 2ème Edition, Toronto, ON, Canada, Systèmes Multi-Health, 2003 ; Hare R. D., Neumann C. N., *L'évaluation PCL-R de la psychopathie : développement, les propriétés structurales et les nouvelles orientations,* C. Patrick (dir.), *Guide de la psychopathie*, New York, Guilford, 2006, pp. 58-88.

78. L'analyse factorielle est une méthode statistique qui cherche à établir et déceler des corrélations entre les facteurs communs de différentes variables.

79. Pour plus d'informations voir : Rice, M. E., et Harris, G. T., La récidive violente : Évaluation de la validité prédictive, *In Journal of Consulting and Clinical Psychology*, 63, 1995, pp. 737-748 ; Harris G. T., Rice M. E., et Cormier C. A., Réplication prospective des risques. Guide d'évaluation violence dans la prédiction de la récidive avec violence chez les patients médico-légaux, *In Law and Human Behavior*, 26, 2002, pp. 377-394 ; Harris G. T., Rice M. E., Caractérisation de la valeur de l'évaluation du risque de violence actuarielle, *In Criminal Justice and Behavior*, 34, 2007, pp. 1638-1656.

délinquant commettra une infraction avec violence dans un délai déterminé. En matière d'évaluation du risque en délinquance sexuelle, les services correctionnels canadiens recourent à la « STATIQUE-99 » [80] qui est un instrument actuariel conçu pour prédire le risque de récidive sexuelle et violente chez les délinquants sexuels adultes. Cette échelle contient 10 éléments : « âgé de 25 ans ou plus », « ne jamais avoir cohabité avec un partenaire intime pendant au moins deux ans », « toute condamnation antérieure pour violence non-sexuelle », « toute condamnation pour violence non sexuelle à l'origine de la peine en cours », « quatre prononcés de peine antérieurs ou plus », « infractions sexuelles antérieures », « infractions sexuelles sans contact », « au moins une victime de sexe masculin », « au moins une victime sans lien de parenté avec le délinquant » et « au moins une victime qui était un inconnu ». Un point est accordé pour chacun des éléments à l'exception de l'élément « infractions sexuelles antérieures », auquel un maximum de trois points peut être alloué. Les catégories de risque sont fondées sur les scores bruts suivants : 0-1 « Faible », 2-3 « Faible-modéré », 4-5 « Modéré-élevé » et 6-12 « Élevé ».

Dans ce domaine en particulier, les chiffres revêtent une importance capitale. Au premier abord, ils sont de nature à rassurer le professionnel, le citoyen, le politique. Quand une expertise conclut en effet à un risque de récidive à hauteur de 80% aucune place au doute n'est laissée. « Tout » est permis et surtout justifié pour la mise en œuvre de la prévention du risque de récidive. Toutefois, derrière ce mythe babylonien au terme duquel il est laissé penser que « tout » peut se saisir, se comprendre et surtout se mettre non pas en mots, mais en chiffres, compréhensibles de tous parce que constituant l'expression d'un langage universel se cache une théorie économique du droit. Cette théorie, appelée *Law and Economics*, constitue la figure de proue d'un système beaucoup

80. Hanson R. K., Thornton D., « Improving risk assessments for sex offenders : A comparison of three actuarial scales », *In Law and Human Behavior*, 24(1), 2000, pp. 119-136.

plus large qui répond à des rouages bien précis et difficilement applicables en l'état en France, sans une adaptation sui generis. Cette théorie qui s'explique parfaitement et qui trouve toute sa raison d'être dans un monde anglo-saxon de *common law* se fonde sur l'idée selon laquelle l'homme, y compris l'homme délinquant, agit selon une parfaite et totale liberté. Elle ajoute que ce sont des déterminants précis et calculables qui le font agir selon une équation coût/avantage. Cette conception contient en germe l'idée selon laquelle l'homme a en lui l'idée d'une capacité de penser, réfléchir et d'agir de façon ajustée. Elle postule que l'homme est associé à la définition d'objectifs précis et si possibles quantifiés. Cette théorie particulièrement influente sur le continent nord-américain est représentée par le courant dit de l'Ecole de Chicago. Force est de constater que cette théorie se trouve quelque peu éloignée des principes fondamentaux français. Dit en d'autres termes, la théorie Law and Economics est loin du courant de Défense Sociale Nouvelle. Une fois encore, sans minimiser ou refuser de prendre en compte le mode de fonctionnement de type anglo-saxon qui s'étend au monde entier, sans en nier les avantages il s'agit de relever que la philosophie qui sous-tend cette théorie n'est pas en adéquation avec nos fondamentaux de droit pénal, ou nécessite à tout le moins, une adaptation « à la française ». Dans ces conditions, il convient de garder la plus grande des prudences car la pression omniprésente des chiffres, ce souci permanent de quantification symbolisé par la culture actuarielle associé à cette fascination pour le modèle nord-américain sont de nature à alimenter cette méprise concernant notre propre paradigme. Les chiffres ont certes un côté rassurant, nourrissant ce rêve babylonien d'un discours égalitaire entendu et compris de tous. Toutefois, il alimente au même titre que le discours tenu sur le modèle nord-américain, la croyance de la possibilité de maîtrise du phénomène criminel. Or, c'est bien le risque d'une méprise et celui d'une incohérence paradigmatique dont il s'agit ici. Celle qui amène à vouloir plaquer le « modèle américain ou canadien » présenté comme la référence et qui aboutit finalement à un nouvel espace normatif visant à substituer le modèle actuariel par le modèle légaliste. Or, cette fausse croyance et cette méprise sur le phénomène criminel sont d'autant plus délétères qu'elles ne se nourrissent pas de nos fondamentaux juridiques et philosophiques et singulièrement de ceux propres au droit pénal et à la procédure pénale française. En effet, avec un tel paradigme qui au demeurant se heurte à bien des résistances, l'office du juge change. Il fait de lui le comptable et non plus le gardien de la loi. Son rôle n'est plus tant de réinsérer l'individu en croyant dans l'homme et le droit, mais de gérer, évaluer et anticiper une capacité d'adaptation en misant sur la science. C'est là que se situe le point d'achoppement.

Au-delà de l'office du juge, c'est en effet toute une conception de l'homme qui en découle unidimensionnel, sans épaisseur ni relief. Parce que c'est bien de cela dont il s'agit en substance : peut-on soumettre l'homme, la dignité au rapport coût-avantage ? Ces éléments précités ne peuvent qu'inviter à réfléchir et porter l'attention sur la réception juridique pénale de la gouvernance par les nombres. Ils ne peuvent qu'inciter à la prudence car la gestion du risque ne restera qu'une tentative de maîtrise. En effet, il s'agit de réaliser que ce type de gouvernance omniprésent, dont au demeurant il ne s'agit pas de faire fi parce qu'il constitue un mode de fonctionnement inhérent au monde globalisé, imprègne notre culture juridique. Il s'agit également et surtout de réaliser dans le même temps que si celui-ci est potentiellement applicable au droit commercial, au droit des sociétés, au droit du travail et plus largement au droit civil ; il ne saurait en être de même en droit pénal, sans une adaptation à nos fondamentaux. Résumé en d'autres termes Emmanuel Kant et Paul Ricœur rentrent, ici, en concurrence avec John Rawls et Stewart Mill ; ou la théorie de la Défense Sociale Nouvelle rentre en concurrence avec la *Law and Economics*. L'homme, a fortiori l'homme au parcours de délinquance donc avec des fêlures plus importantes, ne peut se réduire à des chiffres. Ses gestes, ses actes ne sont heureusement pas quantifiables. Il convient en effet de garder à l'esprit que les hommes sont des sujets pensants avant d'être des objets de science. La mise en équation de la vie humaine et des actes constitue en effet un grand piège. Car elle postule que la vie, les hommes et les situations, sont réductibles à une telle opération mathématique. Or, il semble nécessaire face à ces principes affirmés, de garder la plus grande des lucidités. Plus encore, la mise en garde est nécessaire car sinon l'indicateur se confond avec l'objectif risque. Le danger du pilotage automatique des affaires humaines est alors grand et celui de la désappropriation du sujet également. Une fois de plus sans vouloir rejeter ce système de quantification désormais omniprésent dans les institutions françaises au premier rang desquelles se trouve la justice ; système avec lequel il convient désormais de composer, une adaptation semble nécessaire pour préserver. En effet, pour notre institution garante des libertés individuelles il est fondamental de préserver ce qui constitue son essence même, tout en s'adaptant au monde actuel.

Sur ce point les principes contenus dans la *Law and Economics* se trouvent en effet quelque peu éloignés de ceux du courant français de Défense Sociale Nouvelle aux termes duquel se retrouvent les soubassements de la représentation de l'homme délinquant. Pour ce courant, ayant inspiré toute la philosophie de reformulation du Code Pénal par Robert Badinter en d'autres temps, la peine doit être considérée comme un instrument d'une politique criminelle réaliste et efficace au service du bien commun. En ce sens, sa fonction principale consiste à redonner au délinquant les moyens de se (ré) adapter à la société. Pour cela, cette théorie mise sur l'interaction entre la société et l'individu (ré) intégré dans sa valeur de personne humaine consciente de sa dignité et de ses responsabilités avec un rôle dépourvu à l'Etat de manière importante. Ce n'est rien d'autre qui se trouve affirmé dans les dispositions de l'article 707 du Code de procédure pénale lorsqu'il dispose en son alinéa 2 « *le régime d'exécution des peines privatives et restrictives de liberté vise à préparer l'insertion ou la réinsertion de la personne condamnée afin de lui permettre d'agir en personne responsable, respectueuse des règles et des intérêts de la société et d'éviter la commission de nouvelles infractions* ». La philosophie du texte se situe clairement à l'instar de la France pays des droits de l'homme, dans un esprit d'inspiration humaniste. Il n'est pas très surprenant lorsque l'on porte un regard sur le parcours de son initiateur que fut Marc Ancel. Magistrat de formation mais également théoricien du droit avec cette ouverture sur le monde par l'intermédiaire du droit comparé, il a surtout été également penseur es qualité de membre de l'Académie des Sciences Morales et Politique. Cet esprit, Marc Ancel l'a repensé lors de la période post Seconde Guerre mondiale, comme Raymond Saleilles l'avait lui-même formulé en d'autres temps au début du XIXe siècle en créant ce principe fondamental de droit gouvernant encore notre droit pénal : le principe d'individualisation/personnalisation de la peine.

A ce jour, il est assez indéniable de repenser la fonctionnalité de la sanction en France à partir de cette dimension économique nouvelle dont on ne peut se priver par ces temps d'agressions multiples. Il convient toutefois de le faire à partir et dans le respect du socle de pensée et de principes humanistes caractérisant la France et son histoire. Ainsi, pour reprendre l'exemple précité relatif à la pratique du juge de l'application des peines amené à statuer sur le sort de personnes potentiellement dangereuses, il serait important pour lui de disposer d'outils d'analyse performants.

Or qu'en est-il en France à ce jour ? A qui le JAP s'adresse t-il pour avoir ce regard d'expertise ? Sur ce point, force est de constater qu'aucun expert psychiatre n'est en mesure d'apporter une réponse pertinente avec les moyens dont il dispose et les conditions dans lesquelles il exécute sa mission. Certes, chaque demande faite par le JAP auprès de ces experts formule la question désormais classique relative à la distinction majeure existant entre la dangerosité psychiatrique et la dangerosité criminologique. La première peut être rapprochée d'un risque, qui par définition ne reste que potentiel, de passage à l'acte principalement lié à un trouble mental. Cette dangerosité psychiatrique se distincte de la dangerosité criminologique qui ne constitue qu'une probabilité que présente un individu de commettre une nouvelle infraction empreinte d'une certaine gravité [81]. Mais le quotidien du JAP est ailleurs. Il est sur un registre beaucoup plus trivial. La mission du JAP relève d'un véritable parcours du combattant. En effet, avant même de chercher à tenter, car c'est bien toujours de la tentative dont il s'agit, d'avoir une réponse à cette question relative à ces deux types de dangerosités, le juge doit déjà préalablement trouver l'interlocuteur adéquat. Se transformant alors en véritable « démarcheur commercial », le JAP se heurte à une difficulté majeure consistant, ni plus ni moins, à trouver un expert psychiatre ou psychologue qui acceptera la mission qu'il souhaite lui confier pour appréhender et évaluer les dangerosités potentielles d'une personne détenue dont il a la charge. A ce jour, les choses sont dramatiquement claires : trouver un expert qui accepte de se déplacer dans un centre de détention, pour peu que celui-ci se trouve dans des contrées isolées, relève du combat. Très basiquement, il n'y a plus d'expert et ceux qui ont pu intervenir à un moment donné ont purement et simplement mis fin à leurs fonctions expertales. Cet état de fait qui est la traduction d'un mal-être important qui était déjà latent depuis de nombreuses années. L'argument invoqué concernait la faible rémunération afférente aux fonctions expertales [82]. La situation a empiré avec les dispositions du décret n° 2015-1869 du 30 décembre 2015 relatif à l'affiliation au régime général de sécurité sociale des personnes participant de façon occasionnelle à des missions de service public. Ce texte, qui avait pour mission première de clarifier la situation des experts, a également procédé au basculement des experts judiciaires du régime général de la Sécurité sociale vers le Régime Social des Indépendants (RSI).

---

81. Les questions posées à l'expert en matière d'application des peines sont les suivantes : décrire la personnalité de l'intéressé, son évolution depuis le début de son incarcération en tenant compte des expertises antérieures, décrire les éventuels troubles qu'il connaît, émettre un avis sur l'attitude du sujet par rapport aux faits pour lesquels il a été condamné, déterminer s'il présente une dangerosité en milieu libre, discuter les éléments favorables et défavorables du pronostic tant du point de vue de la réinsertion que du risque de récidive, préciser s'il relève d'un suivi médical ou d'un traitement.

82. En l'espèce, l'expertise psychologique est tarifée à 172 € et l'expertise psychiatrique à 277 €, quel que soit le temps passé.

Dit en d'autres termes, avec ce décret, leurs indemnisations sont devenues soumises à des charges sociales ce qui n'était pas le cas auparavant.

Face à ce mouvement de contestation les modalités du décret n° 2017-248 du 27 février 2017 relatif aux modalités de fixation des tarifs des actes prescrits dans le domaine de la médecine légale, de la psychologie légale, de la toxicologie, de la biologie et de la radiologie et relevant des frais de justice n'ont nullement changé la donne. L'absence d'experts demeure. De manière subsidiaire, il sera relevé que les difficultés relatives à la mise en œuvre de la plateforme CHORUS ne sont pas non plus étrangères à ce phénomène [83].

Au-delà du fait que ces experts ne disposent pas de la formation adéquate notamment actuarielle pour appréhender la notion de dangerosité criminologique, ils sont en nombre totalement insuffisant sur le territoire. Quand enfin de manière subsidiaire, mais néanmoins fondamentale, ils ne sont aucunement rémunérés à la hauteur de la complexité de la tâche à effectuer cela donne lieu à la situation dramatique à laquelle on assiste. Cette situation a des implications particulièrement néfastes pour les personnes détenues. Elle se traduit par la présence de condamnés admissibles à une potentielle sortie anticipée, mais qui ne peuvent y prétendre faute d'expertise. En

83. La loi organique relative aux lois de finances (LOLF), qui s'applique à toute l'administration depuis le 1er janvier 2006, a profondément modifié les règles et les modalités de la gestion budgétaire et comptable de l'État. Dans un but de performance et de transparence, elle doit en effet permettre à la fois de disposer d'une vision globale de la chaîne de la dépense et de piloter les crédits de façon annuelle et pluriannuelle. Chorus s'inscrit dans la stratégie globale de modernisation du système d'information financière de l'État (SIFE). Concrètement, il met à la disposition de l'ensemble des administrations de l'État, au plan central et déconcentré, un outil commun et intégré de gestion financière, budgétaire et comptable. Il s'agit entres autres de l'interface permettant la dématérialisation des factures désormais électroniques des experts.
Pour plus de développements voir : https://www.performance-publique.budget.gouv.fr.

effet, pour certaines personnes exécutant une peine suite à la commission de certaines infractions la loi impose une ou des expertises pour apprécier la dangerosité de celle-ci avant toute sortie. Si cette dimension légale qui s'impose est fondamentale et compréhensible pour apprécier et mesurer le parcours effectué par la personne durant ses années de détention ; sa réalisation concrète l'est tout autant. Si elle ne peut être mise en œuvre par défaut de moyens, elle génère des implications multiples constituant autant d'atteintes au sens même de la peine pour la personne incarcérée principale concernée mais également pour le magistrat qui se trouve, de fait, privé de moyens dans l'exercice de ses fonctions.

Chapitre III. - La question de la criminologie : De l'alliance de l'intelligibilité individualisée et de l'efficacité mesurée

Les développements relatifs à la norme ont montré que la criminologie peut constituer un outil permettant d'allier la verticalité du système français à l'horizontalité du système anglo-saxon, s'adaptant ainsi au monde actuel. Ceux relatifs à la politique, tendent à démontrer que cette discipline dans le nouveau contexte actuel français, peut être une formidable opportunité de dépasser les clivages ancestraux gauche-droite et ainsi trouver le moyen d'allier de manière intelligible répression et resocialisation. En matière économique cette discipline, mais également cette profession à part entière, pourrait se révéler être un extraordinaire outil de gouvernance performatif au service d'une problématique sociétale, désormais incontournable à savoir, la dangerosité.

La première idée qui préside ici consiste à montrer l'intérêt fondamental de réunir le quantitatif au qualitatif et ainsi sortir de démarches empiriques résultant de l'importation de méthodes anglo-saxones plaquées au modèle français sans une adaptation circonstanciée.

C'est ici toute la question de la méthode d'évaluation de la dangerosité. Ou celle-ci relève de méthodes cliniques classiques, ou elle emprunte aux méthodes statistique utilisant des tables actuarielles et des échelles de prédiction fondées sur des facteurs statistiquement évaluées. Les méthodes cliniques ont recours à des entretiens, l'observation de l'intéressé, l'étude de l'anamnèse. Elles peuvent utiliser des tests projectifs et de niveau intellectuel. « Les constatations et conclusions sont orientées par des théories systématisées du comportement, du développement et du fonctionnement psycho-affectif ou d'une doctrine de l'organisation du psychisme et de la production de symptômes » [84]. C'est cette méthode d'évaluation qui par son rapport à la personne se rapproche d'une dimension qualitative.

Elle se distingue, et vient à la fois en complément, de la méthode d'évaluation plus quantitative qui recours à l'utilisation d'outils standardisés de type actuariel. « Les insatisfactions soulignées par de nombreux auteurs face aux résultats des méthodes cliniques d'évaluation de la dangerosité ont conduit à l'utilisation d'outils standardisés construits non plus sur des hypothèses théoriques de causalité des infractions et de leur récidive mais sur le constat de relation statistiques entre des variables repérées et les variations des risques. Il s'agit en l'espèce d'échelles validées comportant des variables à retrouver dans le discours de l'intéressé lors d'entretiens dirigés ou semi-dirigés et surtout dans ses dossiers judiciaires, pénitentiaires, médico-psychologiques et socio-éducatifs, pour évaluer les risques de violence » [85]. Comme le faisait déjà observer la loi n° 2012-409 du 27 mars 2012 de programmation relative à l'exécution des peines « la dangerosité criminologique ne se réduit pas à la seule dangerosité psychiatrique, il convient d'intégrer ces méthodes actuarielles dans les outils et méthodes permettant aux praticiens d'émettre des avis circonstanciés, fondés sur des critères précis. De manière plus générale, l'évaluation de la dangerosité criminologique des personnes placées sous main de justice doit s'inscrire dans une approche résolument pluridisciplinaire, afin d'appréhender l'ensemble des

84. ARCHER E. L'expertise psychiatrique de prélibération conditionnelle. Annales Médico-Psychologiques 164 (2006) 857-863.
85. *Op. cit.*

facteurs, psychologiques, environnementaux et contextuels, susceptibles de favoriser le passage à l'acte ». A ce jour, ce qui s'apparente à des fonctions de criminologues est le travail effectué par les Conseillers Pénitentiaires d'Insertion et de Probation (CPIP) essentiellement en phase d'exécution des peines [86]. Elles prennent la forme dans une moindre mesure des rapports fournis au JAP avant une audience. Elles prennent également et surtout la forme concrète de groupes de paroles et d'échanges interactifs auprès des détenus pour tenter de prévenir la récidive. Il s'agit en l'espèce de programmes spécifiques intitulés Programmes de Prévention de la Récidive (PPR). Lesquels « sont conçus comme des programmes éducatifs et non thérapeutiques visant, dans une perspective proprement criminologique, à travailler collectivement sur le passage à l'acte délictueux et ses conséquences pour la victime et la société. Il est ainsi question – à travers la mise en place de groupes de parole animés par des conseillers d'insertion et de probation – de confronter les vécus et d'apporter un certain nombre de repères (rappel à la loi, éducation civique, mise en commun des expériences) à des détenus ou probationnaires ayant commis des actes de même nature afin de faire évoluer la représentation que se font les intéressés de leur geste (crime ou délit) et, ainsi, prévenir la réitération du passage à l'acte ». Toutefois, à ce jour de tels programmes ne concernent qu'un nombre tout à fait réduit de personnes. Par ailleurs, ils ne sont pas comme leur définition le précise à but thérapeutique. Bien qu'importés en France sur le modèle québécois, ils n'ont pas vocation à se développer dans le même type de système juridique. Enfin, au même titre que les débats voire contestations qui avaient entouré la création du Diagnostic A Visée Criminologique (DAVC) qui avait pour but d'harmoniser nationalement l'évaluation des personnes confiées aux SPIP

86. Il l'est également dans une certaine mesure au niveau du prononcé de la peine avec les dispositions relatives à la contrainte pénale issues 15 août 2014, qui a inséré dans le code pénal un article 131-4-1 et impliquant une évaluation approfondie et régulièrement renouvelée de la personnalité et de la situation matérielle, familiale et sociale du condamné, la contrainte pénale a vocation à permettre un suivi renforcé et individualisé du condamné en milieu ouvert.

« afin de déterminer le mode de prise en charge le plus adapté » [87] leur usage et exploitation restent marginaux. Si cette dernière idée était en elle-même bonne : elle ne pouvait réduire sa mise en place à un copier-coller de pratiques nord-américaines sans une adaptation individualisée au système français. Ceci explique sûrement en partie les difficultés et résistances rencontrées pour sa mise en œuvre. Au-delà du fait que ces fonctions criminologiques ne constituent pas le cœur de métier du CPIP, ces derniers peuvent en outre se trouver, à certains égards, dans une forme de conflit d'intérêts face aux personnes détenues dont elles avaient la charge. Comment en effet d'un côté établir, s'engager et écrire un diagnostic par exemple de dangerosité concernant un détenu et en même temps œuvrer de manière concrète pour la mise en place de sa réinsertion (en l'aidant à trouver un travail, un hébergement, des soins).

Que viennent dire ces expériences encore balbutiantes ? Elles posent les jalons de l'intérêt à unir la dimension qualitative française à la dimension quantitative anglo-saxonne. Parce que c'est donner corps à un outil performatif puissant d'analyse, faisant se réunir la dimension clinique trouvant ses bases dans la relation humaine, pour tenter de comprendre les ressorts existentiels de ce qui est important pour la personne (c'est la qualification par les mots) ; dimension doublée d'une seconde à vocation plus pragmatique et scientifique destinée à penser et organiser la gestion d'un comportement (c'est la qualification par les chiffres).

La seconde idée consiste surtout à montrer qu'un changement véritable ne peut que s'accompagner d'une réforme en profondeur, permettant d'avoir en France des experts ad hoc en criminalité, qui à l'image de ceux existant en Amérique du Nord et dans les pays anglo-saxons, disposent de compétences à la fois scientifiques et pointues dans leur domaine d'intervention et transversales sur toute la chaîne pénale. Or,

87. Sur ce point voir la circulaire du 8 novembre 2011 relative au diagnostic à visée criminologique (DAVC).

force est de constater qu'à ce jour cette profession à part entière brille par son absence en France. Cet état de fait était déjà relevé par la loi n° 2012-409 du 27 mars 2012 de programmation relative à l'exécution des peines qui soulignait « Si l'ensemble des acteurs judiciaires s'est aujourd'hui approprié l'évaluation de la dangerosité psychiatrique, il n'en va pas encore complètement de même pour l'évaluation de la dangerosité criminologique, qui reste trop peu prise en compte. Le fait que la France souffre d'une offre de formation insuffisante en criminologie est, à cet égard, révélateur. Afin de remédier à cette situation, il est indispensable de donner une nouvelle impulsion à l'enseignement de la criminologie et, à ce titre, d'encourager les universités et les écoles des métiers de la justice à donner à cette discipline une plus grande visibilité afin de répondre aux attentes de terrain de l'ensemble des praticiens et, plus particulièrement, des experts psychiatres, mais aussi des magistrats, des personnels pénitentiaires et des membres des commissions pluridisciplinaires des mesures de sûreté ». Il convient de rappeler ici que ces fonctions sont en Amérique du Nord exercées par des professionnels à part entière. La fonction de criminologue nécessite 5 années d'études. De même, le cœur de métier de cette profession est bien différent de celui de conseiller pénitentiaire d'insertion et de probation (CPIP). De plus, ces mêmes professionnels sont présents à tous les stades de la chaîne pénale et pas seulement à la fin de celle-ci. Ils sont présents dès la phase d'enquête, lors du prononcé de la sanction et durant la phase d'exécution de la peine. Ils interviennent en effet au sein de l'institution policière exerçant des fonctions précises d'analyste criminel ou spatial es qualité de techniciens travaillant avec des logiciels de profilage. Ils sont présents au sein de l'institution judiciaire pour fournir un point de vue clinique dans l'orientation légale des personnes interpelées avec des interventions ciblées prenant la forme d'expertise criminologique, y compris privées.

Ils sont enfin présents comme il l'a été indiqué précédemment au niveau dit post sententiel pour organiser le retour à la vie libre [88].

---

88. De manière plus circonstanciée, si l'on reprend le modèle québécois « au moment de l'exécution de la peine, l'institution carcérale dispose de criminologues qui évaluent dès son arrivée Au moment de l'exécution de la peine, l'institution carcérale dispose de criminologues qui évaluent dès son arrivée le nouveau détenu. Le travail du criminologue est alors « de considérer le casier judiciaire du détenu, les rapports relatifs à ses sentences antérieures, les documents fournis par la Cour, le rapport de police, le rapport présentenciel (...), il rencontre également le détenu, afin de recueillir sa version des faits relative à ses délits et aux circonstances qui s'y rapportent. Le criminologue doit ensuite produire un rapport dans lequel il doit notamment recommander un programme de traitement adapté aux facteurs criminogènes présents chez le détenu (...). Son rapport doit également spécifier le niveau de risque d'évasion, le risque de violence en institution ainsi que le risque suicidaire. Ces diverses évaluations du risque servent à déterminer quel pénitencier est le plus approprié pour gérer la sentence de chaque détenu ». Cette première intervention du criminologue est fondamentale car elle donnera lieu à « l'évaluation initiale pour fin de placement pénitentiaire ». « C'est ce rapport (...) qui servira au suivi de la personne tout au long de sa peine (...), c'est au moyen de l'évaluation initiale que tout détenu recevra une cote de sécurité et une Echelle de classement de sécurité correspondant à son profil pour placement ». Au sein de l'institution carcérale, le criminologue peut également exercer d'autres fonctions comme agent de gestion de cas ou agent de programme, par exemple pour animer des thérapies de groupe dans le cadre de programmes de traitement intensif comme c'est le cas pour les auteurs d'agressions sexuelles. Le programme concernant ce type de délinquants s'échelonnera sur sept à huit mois environ et durera en général de 420 à 480 heures. Chaque séance dure de deux heures et demie à trois heures et le nombre d'heures maximum passées au contact du groupe est de 15 heures par semaine. Le programme prévoit également un minimum d'une séance individuelle, et des séances supplémentaires sont offertes aux délinquants s'ils ont besoin de cette aide pour comprendre le contenu ou pour le rendre applicable à leur situation personnelle. Il comprend différents modules tels que : maîtrise de soi, distorsions cognitives et stratégies de gestion, gestion des émotions, intimité, relations et fonctionnement dans la société, empathie et prise de conscience de la situation de la victime, fantasmes et excitations sexuels déviants.

Sur ce point voir du même auteur : I. Dréan-Rivette, *De la criminologie en Amérique*, *Perspectives comparées France-Canada*, Editions L'Harmattan, Collection Controverses, 2011

Conclusion

Qu'apporte cette proposition d'audit sur la fonctionnalité de la sanction ?

Qu'apporte cette confrontation au réel par le biais de la pratique quotidienne du JAP ?

Au-delà qu'elles permettent d'approcher de façon un peu plus concrète le sens des choses. Elles mettent en mots cette ethnographie du champ pénal avec ces allers-retours dedans/dehors « *sous le haut patronage* » de ce magistrat bien souvent méconnu. Elles touchent l'intimité de la fabrique du jugement relatif à la sanction et à la réinsertion.

Elles mettent en lumière que celle-ci est à la jonction et l'interdépendance de nombreux facteurs à prendre en compte. Le droit en effet ne se limite pas au droit et à une lecture exclusivement juridique. Il se trouve au contraire à la jonction de la norme, de la politique et de l'économie, mais également des sciences (juridiques, sociales, criminologiques). Cette fabrique devient en outre de plus en plus complexe compte tenu des différents mouvements traversant le monde actuel. Ces mêmes mouvements qui sont en train de bouleverser les imaginaires individuels comme collectifs, tout comme les modes de rapport au monde Alors, certes la France assiste au même titre que les autres pays de monde, à un processus d'uniformisation et de globalisation caractérisé par un certain désir, rêve ou fantasme d'universalité qui s'étend sur le village planétaire. Toutefois, cette révolution en cours, au même titre qu'une révolution industrielle en d'autres temps a eu lieu, ne doit pas faire oublier l'identité profonde de la France. Ceci est particulièrement vrai en matière pénale. Il convient en effet de garder à l'esprit ou plus exactement se rappeler, car c'est un fait que l'on aurait tendance à oublier tellement que cela est inscrit au plus profond de l'identité collective que l'identité française est marquée du sceau de l'humanisme. Et le pays des droits de l'homme a choisi de l'affirmer sous la forme du principe d'individualisation de la peine.

En effet, à la différence du droit des affaires, droit administratif ou du droit civil, le domaine pénal a ceci de particulier qu'il traite avec des personnes fragiles, vulnérables. Le monde pénal touche en effet toute la faillibilité mais également richesse humaine. Ce faisant, sans se priver des nouveaux modes de pensée actuels qui constituent autant de paradigmes désormais contemporains, il convient pour ne pas se perdre, de les intégrer à l'essentiel du droit pénal. Cet essentiel qui consiste à partir de la personne dans ce qu'elle a de plus humain et de vulnérabilité pour l'amener dans le cadre d'un processus long, aussi fastidieux que complexe à agir en personne citoyenne responsable de ses actes. En un mot l'accompagner de façon solide, structurée organisée et agir pour passer de la vulnérabilité à la capabilité. Ce processus n'est toutefois pas linéaire, pas plus qu'il n'est indéfectible. Il comprend un grand nombre d'essais-erreurs parce qu'à l'épreuve de la réalité humaine. Pour cela, il est impératif de repenser, refonder et dépasser les références culturelles passées et actuelles pour penser une nouvelle grammaire de la peine. Il s'agit ici d'une nécessité urgente, face au risque que représente la criminalité devenue un enjeu majeur de nos sociétés et pas seulement en France, confrontées au risque de l'agression potentielle permanente. Actualiser les schémas de pensée sur la criminalité, sa représentation et son traitement, passe par la compréhension intellectuelle de ce nouveau paradigme et par la mise en œuvre concrète d'outils adaptés au premier rang desquels se trouve la discipline criminologique. Aussi, la justice pénale française dans le dernier maillon de cette chaîne constitué par le monde de l'application des peines, mais aussi premier maillon de la réinsertion, pour assumer tout son rôle, son sens et sa fonction, ne doit-elle pas s'appliquer à elle-même son propre principe d'individualisation ?

Remerciements

Ce livre, fruit d'une période féconde à plus d'un titre, n'aurait pu voir le jour sans le soutien aussi bienveillant que constant de proches, incarnations de cette assise source d'ascèse.

Puisse cet ouvrage trouver des prolongements créateurs, à l'image de la relation, aussi extraordinaire que profondément authentique, tissée auprès de Philippe Zoummeroff autour de la passion commune de la justice pénale et de son essentiel : les hommes.

Cet ouvrage est également un essai réflexif d'une praticienne sur des fonctions exercées chaque jour avec engagement en collaboration étroite avec des professionnels de la justice, de l'administration pénitentiaire, et du monde de la réinsertion.

Qu'ils reçoivent ici l'expression de ma très vive gratitude et profonde reconnaissance.

Bibliographie

ANCEL M., « Intérêt et nécessité nouvelle de la recherche pénaliste comparatiste », *in Mélanges en l'honneur du Doyen P. Bouzat*, Paris, Pédonne, 1980, p.8.

BAUER A., *Introduction générale à la criminologie,* Editions Presses Universitaires de France, 2010.

BECCARIA C ., « Des délis et des peines », Garnier Flammarion, 2006

BELIVEAU P., PRADEL J., La justice pénale dans les droits canadien et français : Etude comparée d'un système accusatoire et d'un système inquisitoire, Editions Yvon Blais, Montréal, 2ème édition, 2007.

BELIVEAU P., VAUCLAIR M., *Traité général de preuve et de procédure pénales*, Editions Yvon Blais, Montréal, 13ème édition, 2006.

BELLINA S., MAGRO H., DE VILLEMEUR V. (dir.), *La gouvernance démocratique : Un nouveau paradigme pour le développement ?*, Editions Karthala, Coll. Hommes et sociétés, 2008.

BENOIST J., KARSENTI B., *Phénoménologie et sociologie*, Paris, PUF, 2001.

BENSIMON P., Profession criminologue : Analyse clinique et relation d'aide en milieu carcéral, Editions Guérin, Montréal, 2009.

BERNS T., « Gouverner sans gouverner. Une archéologie politique de la statistique », PUF, 2009.

BLANC A., « Le juge et l'expert psychiatre : qui dit et qui fait quoi ? », in Actualité Juridique Pénal, Dalloz, 2014, p. 514 (Publié dans le dossier *La portée des expertises psychologiques et psychatriques*)

BLANC A., « Les longues peines, au risque de l'oubli », in Revue de Sciences Criminelles, 2016. p. 47.

BLANC A., « Les longues peines ou le risque de l'oubli », in Actualité Juridique Pénal, Dalloz, 2015, p. 284

BLANC A., « La peine vue par un président d'assises », in Actualité Juridique Pénal, Dalloz 2004. p.58

BOUZAT P., et PINATEL J., *Traité de droit pénal et de criminologie*, Editions Dalloz, t III., La criminologie par J. Pinatel, 3ème édition, 1975.

BULLIER A.J., *La Common Law*, Dalloz, Collection connaissance du droit, 2ème édition, 2007.

CABESTAN P., *Introduction à la phénoménologie*, Paris, Ellipses, 2003

CARIO R., Introduction aux sciences criminelles. Pour une approche globale et intégrée du phénomène criminel, 6ème édition 2008, Ed. L'Harmattan, Coll. Traité de Sciences criminelles, Vol. 4.

CARIO R. et al. (Dir), Profession criminologue : spécialisation ou professionnalisation ?, Editions Erès, 1994.

CARIO R., LOPEZ G., SENON J.L., (Dir.), Psychocriminologie et victimologie. Clinique, prise en charge, expertise, Editions Dunod, 2008.

CARIO R., *Victimologie. De l'effraction du lien intersubjectif à la restauration sociale*, 3ème Edition 2006, L'Harmattan, Coll. Traité de Sciences criminelles.

CARIO R., *Justice restaurative,* Edition 2005, L'Harmattan, Coll. Traité de Sciences criminelles.

CHARVET D., « La criminologie comme enjeu démocratique », *in Actualité Juridique Pénal*, Dalloz, juin 2009, p.260.

CUSSON M., *Prévenir la délinquance Les méthodes efficaces*, Presse Universitaire de France, 2002.

DAMASKA M.R., The Faces of Justice and State Authority. A Comparative Approach to the Legal Process, New Haven, Yale University Press, 1986.

DANET J., « La Justice pénale entre rituel et management », Presse Universitaire de Rennes, 2010.

DEBRAY R., « Civilisation, comment nous sommes devenus américains », Gallimard, 2017.

DE GREEFF E., « Le devenir, élément du processus criminogène, la durée condition de son étude », *in Autour de l'œuvre de De Greeff*, 1956, t.1, p.169-192.

DESROSIERES A., « La Politique des grands nombres. Histoire de la raison statistique », La Découverte, 1993.

DE TOCQUEVILLE A, *De la Démocratie en Amérique*, Tome Premier, 8ème édition, Paris, 1840.

DREAN-RIVETTE I., *La personnalisation de la peine dans le code pénal*, Editions L'Harmattan, Coll. Sciences Criminelles, 2005.

DREAN-RIVETTE I., « La criminologie : un outil de gouvernance pénale. Approche comparée France-Canada », *in Actualité Juridique Pénal*, Dalloz, juin 2009, p. 258-260.

DREAN-RIVETTE I., « Le mensonge : la logique d'une économie psychocriminologique », *in Actualité Juridique Pénal,* Dalloz, mars 2008, p.122-124.

DREAN-RIVETTE I., « Les dispositifs thérapeutiques : l'analytique versus le cognitivo-comportementalisme », *in Transnational Criminology Manual*, sous la direction de M. Hergoz-Evans, Wolf Publishers, 2010.

DREAN-RIVETTE I., « Psychocriminologie du rituel judiciaire », *in Transnational Criminology Manual*, sous la direction de M. Hergoz-Evans Wolf Publishers, 2010.

DREAN-RIVETTE I., « Vers l'alliance de deux cultures criminologiques ? », *in La Babel Criminologique, Formation et recherche sur le phénomène criminel : sortir de l'exception française ?*, sous la direction de Pierre-Victor Tournier, Editions L'Harmattan, Collection Criminologie, 2009, p.179-183.

FOESSEL M., « Etats de vigilance. Critique de la raison sécuritaire », Bordeaux, Le Bord de l'eau, 2010, rééd. Le Seuil, 2016.

FOUCAULT M., « Les Mots et les Choses. Une archéologie des sciences humaines », Gallimard, 1966.

FOURNIER M., *Entretiens avec Denis Szabo. Fondation et fondements de la criminologie*, Montréal, Éditions Liber, 1998.

FRISON-ROCHE M-A. (dir), « Les Leçons d'Enron. Capitalisme, la déchirure », Autrement, 2002.

GARAPON A., GROS F., PECH T., *Et ce sera justice, punir en démocratie*, Odile Jacob, Paris, 2001.

GARAPON A., PAPADOPOULOS I., *Juger en Amérique et en France*, Odile Jacob, 2003.

GARAPON A., M. ROSENFELD, « Démocraties sous stress, Les défis du terrorisme global », PUF, 2016.

GARAPON A., SERVAN-SCHREIBER P., sous la direction, « Deals de justice, Le marché américain de l'obéissance mondialisé », PUF, 2015.

GASSIN R., *Criminologie*, Précis Dalloz, 6ème édition, Paris, 2007.

GASSIN R., « Du retour de la criminologie », *in Actualité Juridique Pénal*, Dalloz, juin 2009, p.249.

GAUDIN J.P., *Pourquoi la gouvernance ?*, Paris, Presses de Sciences Po, « La bibliothèque du citoyen », 2002.

GUENON R., « Le Règne de la Quantité et les signes du temps », Gallimard, 1945.

HANSON R.K., THORNTON D., « Improving risk assessments for sex offenders: A comparison of three actuarial scales », in Law and Human Behavior, 24(1), p.119-136, 2000.

HARE R.D., NEUMANN C.N., « L'évaluation PCL-R de la psychopathie : développement, les propriétés structurales et les nouvelles orientations. », *in C. Patrick (dir.), Guide de la psychopathie*, pp. 58-88, New York, Guilford, 2006.

HARE R.D., *Manuel pour l'Échelle de psychopathie révisée*, 2ème Edition, Toronto, ON, Canada, Systèmes Multi-Health, 2003.

HARRIS G.T., RICE M.E., « Caractérisation de la valeur de l'évaluation du risque de violence actuarielle », *in Criminal Justice and Behavior*, 34, p.1638-1656, 2007.

HARRIS G.T., RICE M.E., et CORMIER C.A., « Réplication prospective des risques Guide d'évaluation violence dans la prédiction de la récidive avec violence chez les patients médico-légaux », *in Law and Human Behavior*, 26, p.377-394., 2002

HERMET G., KAZANCIGIL A., PRUD'HOMME J.F., *La gouvernance : un concept et ses applications*, Paris, Karthala, 2005.

HAUTCOEUR P- C ., « L'Insertion de l'économie française dans la compétition internationale au siècle » (direction, avec J-Ch. Asselain, M. Lévy-Leboyer, A. Straus et P. Verley), CHEFF, 2007.

JAUME L., « Les origines philosophiques du libéralisme », Flammarion Champs Essais, 2009

JOUVE B., *La gouvernance urbaine en questions*, Paris, Elsevier, 2003.

LAURENT A., « Culture de management et management interculturel. Management et mondialisation : la gestion des différences culturelles dans les entreprises », *in Cahiers de l'ENSPTT*, pp. 39-45, 1998.

LAVAL C., « L'Homme Economique .Essai sur les racines du néolibéralisme », Paris, Gallimard, 2007.

LE BLANC M., OUIMET M., SZABO D., *Traité de criminologie empirique*, Presses Universitaires de Montréal, 3ème édition, 2004.

LEGEAIS R., Grands systèmes de droit contemporains, approche comparative, LexisNexis, Litec, 2004.

LEGENDRE P., Jouir du pouvoir, Traité de bureaucratie patriote, Paris, Editions de Minuit, 1976.

LEGENDRE P., L'Amour du censeur, essai sur l'ordre dogmatique, Paris, Seuil, 1974.

LEGENDRE P., Le crime du Caporal Lortie, Traité sur le père, Paris, Fayard, 1989.

MACKAAY E., ROUSSEAU S., « Analyse économique du droit », Dalloz coll. Themis, 2008.

MACRON E., « Révolution », XO Editions, 2017.

MONTESQUIEU, « De l'esprit des lois, Anthologie », Garnier Flammarion, 2013.

MOREAU DEFARGES P., *La Gouvernance*, PUF collection Que sais-je ?, 2003 (réédition 2006)

PERRON J.P., « La négociation en droit pénal », *in Collection de droit de l'Ecole du Barreau du Québec 2009-2010, n° 12 Droit Pénal, Infractions, Moyens de défense et peines*, p.299.

PICCA G., *La criminologie*, PUF, Collection Que sais-je ?, 8ème édition, 2009.

PROULX J., *Profession Criminologue*, Les Presses Universitaires de Montréal, 2006.

RICE M.E., HARRIS G.T., « La récidive violente: Évaluation de la validité prédictive », *in Journal of Consulting and Clinical* Psychology, 63, pp. 737-748, 1995.

ROSANVALLON P., « Le Bon Gouvernement », Le Seuil, 2015

ROSANVALLON P., « Le Modèle politique français. La société civile contre le jacobinisme de 1789 à nos jours », Le Seuil, 2004

SUPIOT A., « La Gouvernance par les nombres », Cours au Collège de France (2012-2014), Fayard, 2017.

SUPIOT A., « Homo juridicus. Essai sur la fonction anthropologique du droit », Le Seuil, 2015.

TOURNIER P.V., « Cartographie des enseignements en criminologie dans les universités françaises », *in La Babel Criminologique, Formation et recherche sur le phénomène criminel : sortir de l'exception française ?*, sous la direction de Pierre-Victor Tournier, Editions L'Harmattan, Collection Criminologie, 2009, p.262.

TOURNIER P.V., *La Babel Criminologique, Formation et recherche sur le phénomène criminel : sortir de l'exception française ?*, sous la direction de Pierre-Victor Tournier, Editions L'Harmattan, Collection Criminologie, 2009.

VILLERBU L.M., ouvrage collectif sous la direction de, *Dangerosité et vulnérabilité en psychocriminologie*, Editions L'Harmattan, 2003.

VILLERBU L.M., « Penser une formation en criminologie en France, résistances et perspectives », *in Actualité Juridique Pénal*, Dalloz, juin 2009, p.255.

ZOUMMEROFF P. GUIBERT N., « La prison, ça n'arrive pas qu'aux autres », Albin Michel 2006

Index Alphabétique

Table des matières

L'HARMATTAN ITALIA
Via Degli Artisti 15; 10124 Torino
harmattan.italia@gmail.com

L'HARMATTAN HONGRIE
Könyvesbolt ; Kossuth L. u. 14-16
1053 Budapest

L'HARMATTAN KINSHASA
185, avenue Nyangwe
Commune de Lingwala
Kinshasa, R.D. Congo
(00243) 998697603 ou (00243) 999229662

L'HARMATTAN CONGO
67, av. E. P. Lumumba
Bât. – Congo Pharmacie (Bib. Nat.)
BP2874 Brazzaville
harmattan.congo@yahoo.fr

L'HARMATTAN GUINÉE
Almamya Rue KA 028, en face
du restaurant Le Cèdre
OKB agency BP 3470 Conakry
(00224) 657 20 85 08 / 664 28 91 96
harmattanguinee@yahoo.fr

L'HARMATTAN MALI
Rue 73, Porte 536, Niamakoro,
Cité Unicef, Bamako
Tél. 00 (223) 20205724 / +(223) 76378082
poudiougopaul@yahoo.fr
pp.harmattan@gmail.com

L'HARMATTAN CAMEROUN
TSINGA/FECAFOOT
BP 11486 Yaoundé
699198028/675441949
harmattancam@yahoo.com

L'HARMATTAN CÔTE D'IVOIRE
Résidence Karl / cité des arts
Abidjan-Cocody 03 BP 1588 Abidjan 03
(00225) 05 77 87 31
etien_nda@yahoo.fr

L'HARMATTAN BURKINA
Penou Achille Some
Ouagadougou
(+226) 70 26 88 27

L'HARMATTAN SÉNÉGAL
10 VDN en face Mermoz, après le pont de Fann
BP 45034 Dakar Fann
33 825 98 58 / 33 860 9858
senharmattan@gmail.com / senlibraire@gmail.com
www.harmattansenegal.com

www.ingramcontent.com/pod-product-compliance
Lightning Source LLC
LaVergne TN
LVHW021236061026
849535LV00008B/3082